또 너무 과하게 걱정하고 계시네요
다 잘될 겁니다

또 너무 과하게 걱정하고 계시네요
다 잘될 겁니다

초판 1쇄 인쇄 2025년 7월 18일
초판 1쇄 발행 2025년 7월 23일

지은이 | 고코더(이진현)
펴낸이 | 박찬근
펴낸곳 | (주)빅마우스출판콘텐츠그룹
주   소 | 경기도 고양시 덕양구 삼원로 73 한일윈스타 1422호
전   화 | 031-811-6789
팩   스 | 0504-251-7259
이메일 | bigmouthbook@naver.com
편   집 | 미토스
표지디자인 | 뿌리
본문디자인 | 디자인 [연;우]

ⓒ 고코더(이진현)

ISBN 979-11-92556-41-3 (03320)

※ 잘못 만들어진 책은 구입처에서 교환 가능합니다.

또 너무 과하게 걱정하고 계시네요
다 잘될 겁니다

고코더 (이진현) 지음

빅마우스

| PROLOGUE |
또 너무 과하게 걱정하고 계시네요

아침부터 걱정이 태산이다

출근 전 스마트폰 알람이 요란스럽다. 겨우 눈을 떠서 알람을 끄고 늑장을 부린다. 또 한 번 알람이 출근 준비를 재촉한다. 간신히 무기력을 물리치고 침대에 파묻힌 무거운 몸을 일으켜 세운다. 아직 돌아오지 못한 혼미한 정신을 깨우기 위해서 한숨을 쉰다. 그리고 조용히 생각에 잠긴다.

'아, 보고서! 한 번 더 확인해야 하는데. 오늘이 마감이라 다시 볼 기회가 없는데……'

작업은 끝났지만, 검토를 제대로 하지 못한 일의 마무리가 걱정이다. 상사에게 한 소리 들을 만한 잘못은 없는지, 신입 사원에게 전달할 업무를 놓친 부분은 없는지 기억을 더듬는다. 정신이 돌아오자마자 벌써 걱정거리를 찾는다.

'나만 매일 이렇게 걱정이 많은 걸까? 다른 사람도 아침마다 근심 가득한 하루를 시작할까?'

매번 반복되는데 익숙해질 기미가 안 보인다. 다른 사람은 잘 사는

데 나만 불안한 느낌이다. 젊은 시절 부모님도 나처럼 아침을 맞이했는지 궁금하다. 깔끔하게 슈트를 차려입고 집을 나서는 아버지의 뒷모습은 항상 든든했다. 그런 아버지도 그 시절 나와 똑같은 걱정을 했으려나. 나만 겪는 아침은 아니라는 생각에 위로받는다.

아침밥은 건너뛰고 샤워한다. 머리를 말리며 앞머리를 뒤집어 거울 속에 보이는 검은 머리카락 수를 대충 세어본다. 이번에는 정수리 부분 머리카락이 온전한지 살핀다. 다행히 탈모는 아직이다. 샤워를 마치고 나오니 기분이 상쾌하다. 겨우 하루가 시작된 기분이다. 옷장을 열어 오늘 뭘 입을지 고른다. 연한 청바지가 입고 싶어서 옷장을 뒤적거린다. 안타깝게 옷장 안에 없다!

'얼마 전에 할인하는 걸 봤는데…….'

스마트폰으로 검색하니 세일 이벤트 기간이 지났다. 반년은 지나야 세일 시즌이 돌아온다.

'그냥 살까? 이걸 정가 주고 사다니. 좀 더 보태면 좋은 브랜드 청바지 가격이야.'

자잘한 일로 또 고민에 잠긴다. 결국 아무렇게나 바지와 셔츠를 꺼내 걸친다. 거울 앞에 서서 매무새를 살핀다. 마음에 드는 건 아니지만, 시간이 없으니 그냥저냥 대충 합격이다.

현관문을 열고 나서니 문 앞에 새벽 배송으로 도착한 택배가 보인다.

'냉장고에 넣어야 하나?'

다시 고민에 빠진다. 버스 앱이 요란스럽게 진동을 울려대며 정류장 도착 5분 전을 알린다. 택배 상자에 붉은색으로 적힌 '신선 제품'이라는 단어가 오늘따라 더 크게 보인다. 일단 현관에 들여놓는다.

'어떻게 하지?'

몸은 이미 엘리베이터로 향한다. 시간은 남았지만, 버스를 놓치면 십중팔구 지각할 거라는 불안이 엄습한다. 종일 회사에서 택배 걱정을 할 모양새다. 그래도 버스를 놓치고 지각 걱정을 하며 불안해하는 것보다 낫다.

오늘도 아침부터 별것 아닌 걱정을 쌓으며 하루를 시작한다.

또 너무 과하게 걱정하고 계시네요, 다 잘될 겁니다

네덜란드 작가이자 연설가인 코리 텐 붐 여사는 말했다.

"걱정은 내일의 슬픔을 덜어주지 않는다. 오늘의 힘을 앗아 갈 뿐이다."

그녀는 유대인을 숨겨주었다는 이유로 나치에 체포된 후 처참하고 끔찍한 수용소생활을 겪었다. 지옥 같은 하루하루를 살아낸 그녀가 걱정은 힘을 앗아 갈 뿐이라고 말하다니. 그렇게 힘든 상황을 버텨내고 낙관적인 눈으로 삶을 바라보는 힘은 어디서 오는 걸까?

나는 걱정이 많다. 은퇴를 생각하면 불안이 앞선다. 아직 30대인데 노후를 떠올리면 벌써 숨이 턱 막힌다.

'회사에서 잘리면 어떻게 하지?'

정년퇴직이나 당장은 절대로 벌어질 리가 없는 권고사직도 고민이다. 거기에 더해 눈앞에 닥친 오늘도 어떤 일이 생길지 불안하다.

'수정한 코딩이 잘못돼서 트래픽이 발생하거나 서버가 다운되면 어떻게 하지? 부장님이 보고서를 다시 써 오라고 하면 어쩌지?'

고민거리를 달고 사는 나에게 지인들은 말한다.

"그 정도 실수로 회사에서 쫓겨난다는 건 말이 안 돼."

"설마 요즘 시대에 개발자가 일이 없겠어?"

코리 텐 붐 여사처럼 철창 속 삶을 살거나, 나치 시절 유대인처럼 한 줄기 희망의 빛도 없는 정도는 아니다. 그 시대에 겪은 불안과 우울은 현시대를 사는 내가 감히 상상할 수 없다. 당연히 그들보다는 내 삶이 더 괜찮다. 직장이 있고, 먹고 자는 데 문제가 없고, 내 편이 되어주는 가족이 있다. 그럼에도 나는 늘 걱정을 달고 산다.

이 책은 걱정에 매몰되었던 내가 일상을 지키며 살아간 기록이다. 수용소생활을 겪고도 낙관적인 마음을 잃지 않았던 코리 텐 붐 여사 덕분에 마음속 불안을 어떻게 다뤄야 할지 깨달았다. 혼자서 방법을 찾지 못한다면 도움받으면 될 일. 책, 명언, SNS까지 걱정과 불안을 덜어주는 방법이 있다면 무엇이든 가리지 않고 정보를 수집했다.

'걱정쟁이'인 나는 걱정을 다루는 기술이 필요했고 다양한 매체를 통해서 배움을 얻었다. 걱정은 불안을 키우기도 하지만, 미래를 대비하고 더 나은 나로 발전시킬 기회를 준다. 걱정을 안고 사는 사람이 있다면 내가 수집한 걱정 다루기 기술을 나누며 '걱정 장인'으로 함께 성장하길 바란다.

고코더(이진현)

CONTENTS

PROLOGUE 또 너무 과하게 걱정하고 계시네요 4

PART 01 **걱정의 본질 이해하기**
- '걱정'이 도대체 뭐길래 13
- 걱정을 장점으로 이용하는 방법 19
- 사소한 건 사소하게 여기기 27
- 최악의 상황을 생각하기 36
- 스스로 정하는 인생 속도 45
- 시간관리로 걱정 줄이기, 포모도로 기법 51

PART 02 **마음 다스리기**
- 걱정을 내려놓는 방법 65
- 흰곰 효과 활용하기 72
- 나 자신을 믿기 77
- 친절하면 줄어드는 걱정 87
- 일상 속 휴식 찾기, 오도리바 기법 93
- 틈새 시간을 활용한 마이크로 명상 101

PART 03 **일상에서 실천하는 걱정관리법**
- 걱정을 교환하는 방법 115
- 걱정을 치유하는 표현적 글쓰기 123
- 나만의 걱정 주문 만들기 130
- 걱정을 잠재우는 자기 최면 135
- 수다의 치유력 144
- 걱정 많은 날의 플레이리스트 153

또 너무 과하게 걱정하고 계시네요 다 잘될 겁니다

PART 04   환경과 몸으로 걱정 다스리기

🔗 1초, 2초, 3초, 현재에 집중하기 165
🔗 걱정을 대신할 취미 찾기 172
🔗 인생을 누리다 177
🔗 걱정을 더는 마음의 조깅, 웃음 184
🔗 잠으로 치유하는 걱정 191
🔗 디지털 디톡스로 걱정 내려놓기 199

PART 05   걱정을 이겨내는 삶의 지혜

01 지금도 늦지 않았다 213
02 돈과 걱정의 상관관계 224
03 걱정을 이기는 심심함 230
04 걱정되면 먼저 겸손해지자 237
05 걱정이 창작의 원천이 될 때 243
06 걱정하는 날도 좋은 날 253

EPILOGUE 걱정 안에는 힘이 있다 259
참고 문헌 262

또 너무 과하게 걱정하고 계시네요 다 잘될 겁니다

PART
01

걱정의 본질 이해하기

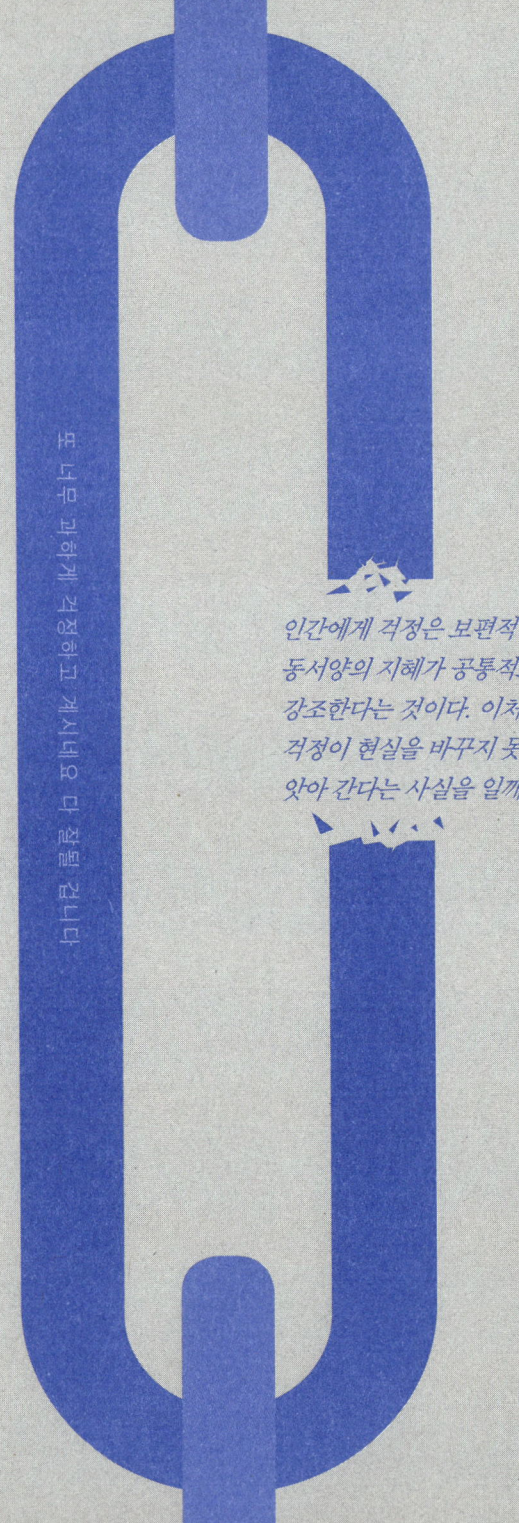

인간에게 걱정은 보편적인 경험이다. 주목할 점은 동서양의 지혜가 공통적으로 걱정의 무익함을 강조한다는 것이다. 이처럼 인류의 오랜 지혜는 걱정이 현실을 바꾸지 못하며, 오히려 현재의 평화를 앗아 간다는 사실을 일깨운다.

또 너무 과하게 걱정하고 계시다면 이 글을 건냅니다

'걱정'이 도대체 뭐길래

살다 보면 당연히 고민거리가 생긴다. 삶과 밀접하게 맞닿은 걱정을 표현하는 단어는 나라마다 존재한다. 심지어 한글에는 염려, 고민, 근심, 걱정거리, 고뇌, 우려, 심려, 시름처럼 비슷한 의미인 단어가 넘친다. 종교에서도 신도를 위해 걱정을 다루는 방법을 말한다. 우리를 불안하게 하고 속을 태우는 걱정은 슬며시 삶에 스며들어 마음이 단단하지 못할 때면 냉큼 머리를 내민다.

염려

"염려하지 말아요."
"염려됩니다."
한 번쯤 어디선가 들어봤지만, 실생활에서는 잘 사용하지 않는 단어가 바로 '염려'다. 국립국어원에 적시되어 있는 '걱정'과 '염려'의 해석을 보면 두 단어는 의미상 별 차이가 없다. 다만 걱정은 안심이 되지 않아 속을 태우는 모든 상황에 자주 쓰는 반면, 염려는 "여러분의 염려 덕분에 잘 지내고 있습니다" 같은 인사 표현으로 주로 쓰인다. 쉽게 말해 걱정이라는 단어의 다른 표현이 염려다.

염려는 성경에 자주 등장한다. 빌립보서 4장 6절에는 '아무것도 염려하지 말라'는 구절이 나온다. 성경에 쓰인 말의 뿌리를 보면 헬라어로 '메림나테(merimnate)'이다. 어원은 '메림나오'인데 '나누다'라는 뜻의 동사와 '마음'이라는 명사가 합쳐진 말이다. 의미를 풀이해보자면 '마음이 나뉜다'이다. 근심에 사로잡혀 벗어나고 싶은데 마음이 따라주지 않아 불안에 시달릴 때 이렇게 속삭여보자.

"염려하지 마."

Worry

걱정을 영어로 'worry'라고 한다. 13세기 고대 영어에서 이 단어는 '물어뜯는다', '이빨로 목을 물어뜯어 질식시킨다'라는 의미로 쓰였다. 그래서 다른 동물의 목을 물고 흔들어 죽이거나 해치는 행동을 뜻했다. 14세기에는 정신적 고통이나 문제를 일으킨다는 뜻에서 남을 괴롭히고 짜증 나게 한다는 뜻으로 바뀌었다. 19세기 중엽에서야 현재 우리가 아는 혼자서 하는 근심이나 걱정이라는 뜻으로 변한다.

이 단어를 들으면 미국 유명 팝가수 바비 맥퍼린의 'Don't worry, Be happy(걱정하지 말고 행복해)'라는 곡이 절로 떠오른다. 여기서 'Don't worry'는 누군가에게 걱정하지 말라고 이야기할 때 쓰는 표현으로, 초조해하거나 수심에 차 있는 사람을 위로할 때 제격이다.

걱정을 표현하는 단어에는 '염려하지 마!'나 'Don't worry'처럼 늘 위로하는 말이 따라온다.

성경에서 바라본 걱정

인류 최고 베스트셀러인 성경에서도 염려하지 말 것을 강조한다. 성경 마태복음 6장 34절에 이런 구절이 나온다.

'내일 일을 위하여 염려하지 말라. 내일 일은 내일이 염려할 것이요, 한 날의 괴로움은 그날로 족하니라.'

즉, 미리 걱정하지 말라는 거다. 마태복음 6장에서 사람이 염려하는 이유는 보물을 땅에 쌓아두었기 때문이다. 부자가 되려는 욕심이 근심을 만드는 건 시대가 변해도 똑같다. 성경에서는 이렇게 강조한다. 진리를 얻기 위해 노력하고, 하나님과 재물을 동시에 섬기려는 욕심을 버려라. 그러면 염려가 줄어들까? 다른 방법은 더 없을까?

성경에서 염려하는 마음을 어떻게 대해야 하는지 알려주는 구절을 찾았다. 마태복음 6장 27절에는 또 이런 구절이 나온다.

'너희 중에 누가 염려함으로 그 키를 한 자라도 더할 수 있겠느냐?'

사람은 성장판이 닫히면 성장을 멈춘다. 작은 키는 염려해도 변하지 않는다. 현대 의학으로 키 크는 수술을 한다면 조금 나아지지만, 키 150센티미터인 사람이 180센티미터가 되는 건 불가능하다. 아무리 간절히 마음을 써도 성장이 끝난 키는 더 이상 자라지 못한다. 이처럼 이미 벌어진 일은 염려해도 변하지 않는다. 그러니 염려에 마음 쓰지 말라는 성경의 가르침이다.

성경에는 '염려하지 말라'는 표현이 자주 등장한다. 그 옛날부터 사람들이 얼마나 걱정에 시달렸으면 인류 최고 베스트셀러인 성경에서조차 염려하지 말라는 내용이 그리도 많이 나왔을까. 그때나 지금이나 염려하고 걱정하는 대신 담담하게 걱정을 다루는 기술이 우리에게는 필요하다.

걱정을 대하는 스님의 지혜

불교 대표 문장가로 꼽히는 성전 스님은 《그래, 다 이유가 있는 거야》에서 일상에 지친 현대인의 마음을 위로하며 걱정을 생각하지 않는 삶이 현명한 태도라 전한다.

하면 할수록 늘어나는 걱정은 나에게 주어진 상황을 바꾸는 해결책이 아니다. 나를 불편하게 만드는 일에 사로잡혀 수심에 차 있어도 상황은 그대로이다. 오히려 몸을 움직여 산책하거나 청소하면 기분이 나아진다. 걱정거리가 아니라 일상생활에 초점을 맞춰서 움직이고 자연스럽게 순간에 집중하는 하루를 보내야 한다.

성철 스님 역시 걱정이 가진 본질을 꿰뚫어 이를 단순히 보라고 강조했다. 생각의 핵심을 찾아 고민을 두 가지로 단순화하면 복잡해진 마음에 생긴 정신적 소모가 줄어든다. 군더더기 없이 지금 벌어진 일을 두 가지로 나눠서 복잡하게 늘어날 걱정이라는 잔가지를 잘라낸다.

성철 스님의 지혜를 바로 써보자.

"지금 벌어진 일인가, 미래에 벌어질 일인가?"

"대비가 가능한가, 불가능한가?"

"피할 수 있는가, 없는가?"

시름에 잠겨봐야 벌어질 일이라면 그때 가서 방법을 찾자. 습관처럼 걱정하는 사람이 많은데, 매사에 그래봤자 해결책 없는 문제라면 머리만 아플 뿐이다.

석가모니는 말했다.

"너무 큰 걱정을 하는 것은 불행을 일으키는 큰 원인이다."

이처럼 불교에서도 마음을 다스리라고 조언한다.

많은 사람이 근심을 떨쳐내기 위해 답을 찾을 때, 종교를 아울러 한목소리로 지나친 걱정을 내려놓으라고 알려준다.

걱정을 알아가보자

걱정이란 무엇인지, 그 본질과 문화적, 종교적 맥락을 살펴보았다.

염려, 고민, 근심 등 다양한 이름으로 불리는 이 감정은 인류 역사를 통틀어 항상 우리와 함께해왔다. 인간에게 걱정은 보편적인 경험이다.

주목할 점은 동서양의 지혜가 공통적으로 걱정의 무익함을 강조한다는 것이다. 이처럼 인류의 오랜 지혜는 걱정이 현실을 바꾸지 못하며, 오히려 현재의 평화를 앗아 간다는 사실을 일깨운다.

걱정의 본질을 이해했으니, 이제 우리는 이를 효과적으로 다루는 실천적 방법을 모색할 단계에 이르렀다. 걱정과의 공존 방법, 그것을 담담히 다루는 지혜를 함께 탐색해보자.

걱정을 장점으로 이용하는 방법

나쁜 일이 생길 거라는 막연한 생각에 사로잡히는 순간, 논리적으로 생각하면 큰일은 없겠지만 일단 떠오른 생각이 마음대로 조절되지 않는다. 그럴 땐 미래를 대비해서 할 수 있는 일을 하나하나 해나간다. 불안을 에너지원으로 삼아 나아간다. 걱정 덕분에 미래를 대비하고 더 나은 나로 발전할 계기가 생긴다.

걱정 많은 아이

나는 걱정이 많은 아이였다. 유아기 때는 원래 고민이 많은 것일까? 다른 친구와 비교해도 유치원에서 걱정이 제일 많은 아이는 나였다. 그 시절 경험 중 하나가 떠오른다. 부활절을 앞둔 어느 날이었다. 선생님은 유치원 아이들에게 각자 집에서 달걀을 하나씩 가져오라고 말씀하셨다. 부활절을 기념하며 달걀에 그림을 그리는 놀이를 하기 위해서였다. 유치원은 집에서 아주 가까웠다. 집 앞 골목을 약 50미터 지나면 보이는 작은 건물이었다. 키가 100센티미터가 간신히 넘는 어린아이에게 그 거리는 꽤 멀었다. 나는 달걀을 가지고 유치원에 가야 한다는 것 때문에 불안했다.

어머니는 냉장고에서 방금 꺼낸 차가운 달걀을 손에 쥐여주며 말하셨다.

"잘 들고 가렴."

하지만 걱정쟁이인 나에게 달걀은 걱정 그 자체였다.

'떨어뜨리면 어떡하지?'

안전하게 들고 갈 방법을 고심하던 끝에 어머니께 말했다.

"엄마, 비닐봉지에 달걀을 넣어주세요."

어머니는 검은 비닐봉지를 금세 가져왔고 달걀을 비닐봉지에 담아주셨다. 그런데 건네받은 비닐봉지도 역시 불안했다. 손에서 놓치면 깨지는 건 마찬가지라는 생각이 들었다. 이번에는 비닐봉지 바닥에 신문지를 깔아달라고 칭얼거렸다. 어머니는 신문지를 가져와 바닥에 깔고 달걀을 다시 건네주셨다. 드디어 준비가 끝났다. 큰맘 먹고 대문을 나서는데 이번에는 바람이 문제였다. 들고 있던 비닐봉지가 좌우로 크게 흔들렸다. 나는 다시 집 안으로 들어왔다. 어머니께 다가가 상자에 신문지를 가득 채워 달걀을 포장해달라고 울먹이며 말했다.

결국 달걀 하나를 운반하기 위해 걱정쟁이 아이와 어머니는 이사를 할 때 깨지기 쉬운 유리를 담듯 완벽한 포장을 하였다. 세 번이나 재포장된 달걀은 안전하게 유치원으로 옮겨졌다. 걱정이 아주 많은 아이는 깨지지 않은 달걀을 보며 대단히 만족했다.

달걀을 안전하게 유치원까지 옮긴 나는 왜 만족했을까? 준비물을 챙기는 임무를 무사히 완수했기 때문이다. 달걀을 손으로 들고 오다 떨어뜨린 아이, 비닐봉지에 싸서 들고 오다 깨뜨린 아이, 가방에 넣어 왔는데 꺼내는 순간 떨어뜨린 아이 등 대부분은 달걀 준비물을 무사히 가져오지 못했다. 선생님과의 약속을 지킨 소수 중 한 명이 될 수 있었던 이유는 걱정 덕분이었다. 어린 시절에는 본능적으로 걱정을 사용해 문제를 해결했다.

걱정의 긍정적인 면

　걱정이 무조건 나쁠까? 이를 나쁘게만 봐서는 안 된다. 캘리포니아 대학교 리버사이드 연구팀의 케이트 스위니 교수는 새로운 관점을 제시했다.

"걱정은 그렇게 파괴적이지도 않으며 소용없는 것도 아니다."
"걱정은 동기부여적인 효과가 있으며 감정적 완충제 역할도 한다."

　걱정을 향한 긍정적인 시각이다. 이러한 주장을 한 케이트 스위니 교수는 자칭 '프로 걱정러'였다. 그녀에게 걱정은 발목을 잡는 짐이 아니라 진로를 선택하게 한 동기였다. 걱정이 많았던 그녀는 자신의 걱정을 탐구하면서 걱정과 스트레스를 연구하는 심리학자로 성장한다. 늘 근심에 시달린 덕분에 진로를 선택한 그녀는 삶의 원동력이 되어준 걱정이 긍정적인 면을 가졌다는 걸 알아챘다.

  케이트 스위니 교수는 걱정의 기능 중 하나로 위험을 알리는 신호를 짚었다. 다가오는 나쁜 일을 대비하기 위해서 불안이 생긴다는 뜻이다. 태평한 태도로 잘될 거라고 무작정 믿는 자세는 다가올 문제를 대비하지 못한다. 문제를 걱정해서 미리 대비하고, 해결책을 준비하는 과정은 걱정이 지닌 발전적인 면을 보여준다.

  '넘어지기 전에 지팡이 짚는다'라는 속담처럼 걱정을 통해 실패하거나 화를 입기 전에 대비한 사례는 여러 가지다. 산불이 빈번히 일어나는 호주의 한 주에서는 언제 터질지 모를 사고를 우려하며 대비한 직원 덕분에 큰불을 피할 수 있었다. 한 지방도시는 매년 장마가 닥치는 것이 아님에도 염려하며 철저히 대비한 덕분에 재해를 모면했다. 여행길에 오른 친구 하나는 혹여 소매치기를 당할까 걱정하며 예민하게 경계한 덕분에 한 번도 도둑맞지 않았다. 한편, 학업 걱정을 많이 하는 사람은 금연 시도를 더 많이 한다는 연구 결과도 있다. 이처럼 걱정은 행동 변화를 끌어낼 잠재력을 지녔다.

  걱정이 파괴적이고 소용없다고 치부하기보다 삶을 대비하는 원동력으로 활용하면 삶은 더욱 풍성해진다.

걱정이 이루어낸 발전

  걱정은 해결책을 찾는 강력한 순기능을 가졌다. 인간이 지닌 놀라운 창의성과 만나면 혁신과 더불어 새로운 문화를 창조한다. 인간이 만든

발명품 중에는 효율적인 걱정을 통해 창조되고 발전된 몇 가지 사례가 전해진다.

피임약은 걱정이 만들어낸 대표적인 발명품이다. 제1차 세계대전 이후 1920년대 대공황이 시작되었고 경제는 나락에 빠진다. 사람들은 자연스럽게 빈곤에 대한 공포를 느꼈고 먹고사는 문제로 애를 낳지 않아 출산율이 곤두박질쳤다. 전쟁과 경제난에 여성들은 임신 자체를 큰 불안으로 여겼다.

1950년대에 들어서면서 인구과잉 문제로 피임의 필요성이 높아진다. 결국 1960년 먹는 피임약 '에노비드 10'이 탄생한다. 이로써 여성은 유산과 낙태에 관한 문제에서 어느 정도 해방되었다. 또 미혼녀의 피임약 구매가 가능해지면서 미혼모 증가를 막았다.

1965년 미국 법원이 피임을 인정하면서 여성은 피임권을 법적으로 보장받는다. 이에 따라 여성의 사회 진출이 확대되고 프리섹스, 히피 문화, 반전 운동이 등장하는 데 영향을 미쳤다. 피임약은 원자 폭탄과 우주 왕복선을 제치고 '20세기 최고의 발명품' 1위로 선정되었을 만큼 인류 역사를 뒤바꿨다.

걱정은 무기의 발달에도 크게 이바지했다. 초기 인류는 맹수에게 잡아먹히지 않기 위해 항상 염려했다. 그리고 타 부족과 전쟁이 벌어질까 경계하며 삶을 유지했다. 자신을 안전하게 지켜줄 무언가가 필요했고 돌멩이로 돌도끼와 돌창을 만들었다. 먼 거리에서 상대를 제압할 무기를 고민해 활과 화살까지 만든다. 이후 화약을 발견해 총과 대포도 만들고 지금은 스텔스 전투기와 드론으로 상대를 공격하기에 이른다. 이처럼 상대방의 위협을 피하기 위한 걱정이 새로운 무기 개발에

동력이 되었다.

걱정은 인류 생존을 도왔고, 인류의 삶을 바꾼 창조적인 발명품을 만들어내는 데 원동력이 되었다.

걱정을 활용하는 방법

걱정은 생존이다. 원시 시대 인류 중 불안과 위험에 민감했던 이들이 자신을 지켜내고 살아남았다. 그 후손이 우리다. 하지만 시대가 변했다. 원시 시대 때부터 뿌리에 박힌 불안은 현대 사회에 들어서면서 과한 걱정이 되었다. 우리는 더 이상 육식동물의 침입을 받는 위험에 노출되어 있지 않다. 그렇다면 불필요한 걱정을 줄여야 한다. '프로 걱정러'인 케이트 스위니 교수는 걱정을 구체화하고 심리상태를 조절하는 방법을 제안한다.

살면서 지각을 자주 하진 않았지만, 나는 이상할 정도로 지각할 거라는 불안에 시달렸다. 잠잠했던 지각에 대한 불안이 출근길 버스를 놓친 일을 계기로 타올랐다. 이때 케이트 스위니 교수가 제안한 걱정을 줄이는 방법에 걱정을 활용하는 새로운 방법을 더해봤다.

KEY POINT

- 1단계: 걱정을 구체화하라.
- 2단계: 구체화한 문제해결 방안을 정리하라.
- 3단계: 해결책을 하나씩 실천하라.

- 4단계: 이게 될까 싶은 해결 방안까지 실천하라.
- 5단계: 더 이상 방법이 없다면 명상이나 몰입을 통해 심리상태를 조절하라.
- 6단계: 문제에 익숙해지고 잊어라.

해결책을 찾고 몸을 움직이는 과정에서 지각 걱정이 덜어졌다. 자연스럽게 나에게 맞는 업무 패턴까지 파악했다. 걱정을 조절하는 6단계를 실천하면서 업무 능률이 올라간 것이다.

걱정에 꼬리표를 달자

내가 생각하는 어른은 아이의 마음을 가진 사람이 어른이라는 가면을 쓴 모습이다. 치열한 경쟁 사회에서 돈과 명예를 위해 이익을 챙기며 올라가다 보면 어른이라는 가면이 익숙해진 얼굴이 된다. 그럼 더 이상 '아이' 형태는 남지 않고 어른 모양만 남는다. 마음을 들여다보면 어떨까? 우리 마음속에는 여전히 호기심, 순수함, 열정, 무모함, 자유, 기쁨 등 아이였던 흔적이 남아 있다. 아이가 바라보는 시각은 천진하다. 비가 오면 그런가 보다 하는 어른과 다르게 자연의 변화에도 감탄하고 호기심을 보인다.

아이라고 걱정이 없는 건 아니다. 어머니가 보이지 않으면 울음을 터뜨리고, 아버지가 말이 없으면 무슨 일이 있는 건 아닐지 주눅이 든다. 하지만 유년 시절을 떠올리면 지금과 달리 솔직했다. 그 시절 걱정을 색으로 표현하자면 원색이었다. 무섭고 불안하면 솔직히 표현해 긍정적인 마음을 지켰다.

지금은 잃어버린 탐구 정신과 일단 행동하는 용기를 유치원 시절에는 지녔었다. 유치원생 시절 나는 불안이 생기는 원인이 무엇인지 판단하여 '깨지지 않는 달걀 운반'이라는 정확한 꼬리표를 부착하였다. 덕분에 더 안전한 방법을 탐구하였고 결국 최고의 방법을 찾았다. 비닐봉지에서 신문지, 상자까지 이용해 달걀을 사수하려는 방안을 고민하고 거침없이 행동했다. 문제해결을 위해 가능한 모든 조치를 했다. 결국 조심성이 필요했던 달걀 옮기기를 걱정 덕분에 성공하게 되었다.

걱정을 명확히 판단해 꼬리표를 달면 문제해결 능력이 향상된다. 막연한 불안에 이름을 붙이면 해결책을 고민하게 된다. 이래서 문제, 저래서 문제라며 마음이 쓰이면 오히려 좋다. 문제를 풀기 위한 모든 방법을 자세히 고민하기 때문이다. 결국 걱정 덕분에 나에게 발생한 문제를 해결할 방법을 찾는다. 그리고 해결책을 찾는 과정에서 더 나은 상태로 나아간다.

사소한 건 사소하게 여기기

큰 문제라고 생각했던 일이 사실은 대수롭지 않았던 경험이 누구에게나 있다. 하지만 막상 같은 문제가 다시 생기면 사소하든 크든 큰 문제처럼 여겨진다. 문제가 크게 보여서 얼어버린 적 있는 사람이라면 안다. 겁먹을 필요도 없었고, 겁먹지 않았다면 더 좋은 해결책을 떠올렸으리라는 걸.

큰일도 사소하게

유대인 최초로 영국 총리가 된 벤저민 디즈레일리는 이렇게 말했다.

"사소한 일에 신경 쓰기에는 인생이 너무 짧다."

정치가이자 작가인 그는 1874년부터 1880년까지 영국 총리를 역임

하였다. 영국의 전성기인 19세기 빅토리아 시대에 디즈레일리는 오늘날의 대영 제국을 창건했다. 그야말로 해가 지지 않는 국위를 세계에 떨치게 한 정치가였다. 그는 총리가 된 이후 이집트에 수에즈 운하 주식을 사들여 동방 항로를 확보하였고, 빅토리아 여왕이 '인도 여황제'라는 칭호를 갖게 해준 인물이다. 그 밖에도 러시아-터키 전쟁에서 러시아의 남하를 막기 위해 해군을 파병하는 등 국제 정치에 영국이 가진 영향력을 확장하는 데 공헌하였다. 내정에서는 공중위생과 노동 조건 개선에 힘썼다.

그의 화려한 이력을 보면 사소한 일은 신경 쓰지 않아도 되는 순풍에 돛을 단 인생 같다. 하지만 디즈레일리는 누구보다 험난하고 어려운 인생을 살았던 인물이다. 당시 영국은 극심한 인종 차별이 난무했다. 그런 시대에 검은 머리 심지어 까무잡잡한 피부를 가진 유대인으로서 총리까지 된 그의 인생은 순탄하지 않았다. 그는 당시 옥스퍼드대학교나 케임브리지대학교 같은 명문대 출신이 아니면 명함도 내밀 수 없는 영국 '학벌 정치계'에서 겨우 초등학교 중퇴라는 학력으로 활동했다. 그리고 매우 가난했다. 그 시대 정치는 부자들의 특권이라고 할 정도였는데, 그는 가난한 장사꾼 부모를 둔 별거 없는 인물에 불과했다. 정치가가 될 수 없었던 조건에도 그는 영국 총리에 올랐다.

영국 총리를 지내고 난 뒤에는 좀 나아졌을까? 디즈레일리는 총리 자리에서 스스로 물러나 은퇴한다. 은퇴 뒤에는 평생 8만 파운드 빚에 시달렸다고 전해진다. 런던에 집 한 칸 없이 빚쟁이에게 시달리며 평생을 지냈지만, 그는 오히려 빚쟁이들에게 감사의 마음을 전했다. 그들이 없었다면 자신은 글도 쓰지 않고 편안하고 게으르게 지냈을 것이라며 말이다. 그리고 이렇게 덧붙였다.

"환경이 사람을 만드는 것이 아니라 사람이 환경을 만든다. 우리는 자유롭고 능동적인 존재다. 사람이라면 누구든 강하다."

벤저민 디즈레일리는 환경이 사람을 만들기 때문에 간절히 바라는 무언가가 있어야 새로운 길을 발견한다고 전한다. 원하는 것이 없다면 오히려 변명을 늘어놓는다. 주변 환경과 문제들로 고통받았던 그는 오히려 문제를 사소한 일로 치부했다. 정말 사소한 일은 사소할까? 걱정을 만드는 '사소한 일'에 대해 더 자세히 알아보자.

걱정을 만드는 사소한 일

살다 보면 사소한 일들이 삶을 끊임없이 흔들어댄다. '가랑비에 옷 젖는 줄 모른다'라는 속담처럼 결국 사소한 일에 매몰되면 걱정으로 온몸이 다 젖는다.

과거 나는 사소한 일을 만나면 싸움꾼처럼 달려들어 문제를 해결하려고 덤볐다. 싹을 잘라내서 큰일이 되지 않게 만들려 노력했다. 그렇게 사소한 싸움에서 승리하고 의기양양하게 문제를 해결하면 마치 진취적인 사람이 된 듯 느껴졌다. 그러나 모든 사소한 전쟁에서 승리하는 방법은 없었다. 어떤 때는 오히려 문제가 더 커지고 갈등이 일어났다. 작은 문제 하나에 달려들었다가 더 큰 근심과 걱정을 얻기도 했다.

마치 가만두면 잦아들 작은 불씨를 끄려고 부채질하는 바보스러운 모습처럼 말이다.

'망상'이라는 단어는 사전적 의미에 '근거가 없는 주관적 신념'이라는 뜻을 포함한다. 보통 문제가 생겼을 때 가지는 마음이 망상이 아닐까 싶다. 심지어 문제도 아니고 사소하게 지나가면 될 일을 망상으로 문제로 키우고 있었던 건 아닐까?

정원이 우리 마음이라면 사소한 일을 잡초다. 정원을 아무리 열심히 관리해도 결국 잡초가 자란다. 잡초를 발견하는 순간 꽃이 양분을 뺏기고, 정원이 망가지는 게 아닐지 불안하다. 잡초는 흙이 있다면 저절로 자라는 여러 가지 잡다한 풀이다. 때와 장소를 가리지 않고 심지어 아스팔트 틈에서도 자란다.

뽑아도 뽑아도 끝이 없는 잡초와 경쟁한다면 오히려 몸살로 몸져눕는다. 잡초를 모두 뽑는 데 성공한다면 정원은 또 어떨까? 아마도 사막 위에 꾸민 정원처럼 느껴질 것이다. 적당한 잡초는 정원을 자연스럽고 아름답게 꾸미는 이름 없는 꽃이다.

농부인 지인이 잡초에 대해 했던 이야기가 떠오른다. 씨앗을 심어야 할 땐 밭에서 잡초를 뽑지만, 길가에 잡초는 그냥 둔다고 한다. 잡초의 단단한 뿌리가 두렁이 무너지지 않게 지지하기 때문이다. 어쩌면 사소한 걱정도 잡초처럼 나를 지지해주는 게 아닐까? 잡초에 관한 생각을 바꿔본다.

잡초를 들여다보면 그 안에 나물이 되는 냉이가 있다. 길목에 잔뜩 나 사람의 걸음마다 밟히는 민들레는 먹고, 보고, 약도 되고, 꽃씨는 어린아이를 웃게 하는 장난감이 되어 날아다닌다. 지천으로 널린 게 잡초인데, 모두 쓰임새가 있다. 꽃집에서 파는 꽃이 아니더라도 아름다운 꽃을 피운다. 모르면 그저 풀이지만, 알고 나면 구하기 힘든 약초다. 잡초는 산과 들판에 자유로이 피어나는 살아 있는 생명이다.

아일랜드 소설가 조나단 스위프트가 쓴 《걸리버 여행기》에는 사소한 일로 전쟁까지 치른 이야기가 나온다. 소인국에서 전쟁으로 수만 명이 희생된다. 그런데 싸움의 발단은 아주 사소한 문제였다. 삶은 달걀을 까먹을 때, 달걀의 넓은 쪽 끝을 먼저 깨뜨리느냐 아니면 좁은 쪽 끝을 먼저 깨뜨리느냐 하는 문제였다. 사소한 의견 대립으로 다툼이 생기고 결국 두 편으로 갈라져 전쟁으로 번진 사건이었다. 사소한 문제가 전쟁을 일으켰다.

심리학 박사인 리처드 칼슨 박사는 《사소한 것에 관한 큰 책》에서 현대인의 스트레스 상황을 해결하는 전략 중 가장 효과적인 방법을 들려준다. 그는 우리가 중요시하는 일이 사실은 정말 '사소한 일들'일 뿐, 목숨을 걸 필요가 없다고 조언한다.

'너무나 많은 사람이 삶의 에너지를 매번 사소한 일에 목숨 거느라 낭비한다. 사소한 일에 목숨 걸지 않겠다는 목표를 이루기 위해 꾸준히 노력할 때, 우리는 더 친절하고 더 상냥한 사람이 될 수 있을 것이다.'

삶을 채우는 순간은 사소한 일로 가득 차 있다. 버스를 탈 땐 줄이 길고, 운전할 땐 내가 달리는 차선만 이상하게 늘 느리다. 하지도 않은 일로 욕먹을 때도 있고, 매번 앓는 소리만 하면서 일은 적게 하는 팀원의 업무가 나에게 오기도 한다. 이런 사소한 일에 매몰되면 삶의 재미를 느끼기가 어렵다. 너무 자주 사소한 사건에 기력을 쓰면 행복을 놓친다. 그리고 주변 사람에게 친절하고 상냥한 태도를 보이지 못한다. 사소한 일에 매몰되면 작은 잡초도 뽑아야 하므로 마음이 분주해져 타인을 향한 친절과 상냥함은 사치라 여겨진다. 사소한 일에서 자유로워졌을 때 드디어 타인을 돌아볼 여유가 생긴다.

사소한 것에 연연하지 않는 방법

앞서 사소한 일에 연연하지 말라고 말했는데 어떻게 해야 하는 걸까? 나는 있는 그대로를 인정하려고 노력한다. 세상에 완벽한 사람은 없기에 사소한 일은 누구에게나 어디서든 생긴다. 인간이 지닌 특성을 연구한 리차드 칼슨은 《우리는 사소한 것에 목숨을 건다》에서 사소함을 다루는 방법을 알려준다. 그의 책을 읽으며 사소함을 인정하고 연연하지 않는 방법을 익혔다.

사소함을 무시하고 살 순 없다. 특히 작은 일에 기뻐하는 사람이라면 작은 문제로 고민한다. 그렇다면 어떻게 사소함을 바라보는 시선을 바꿔야 할까? 리처드 칼슨에게 배운 지혜를 바탕으로 사소함에 연연하지 않는 다섯 가지 방법을 공유할까 한다.

첫째, 고민의 유효 기한 파악하기

마트에서 쇼핑할 땐 당연히 유통기한을 확인한다. 유통기한 지난 우유는 장바구니에 들어가지 않는다. 사소한 고민이 가득한 '사소함 마트'에 쌓인 문제를 확인할 때도 유효 기한을 확인하자. 잘 살펴보면 사소한 고민 대부분은 곧 사라질 문제다. 사라질 문제를 끌어안고 끙끙거릴 필요가 있을까? 어차피 사라질 문제니까 연연하지 말고 '문제'보다 '사소함'에 초점을 두자. 그 후 사라질 일 중 지금이 아니면 하지 못하는 작지만 중요한 일을 찾아 해결해보자.

둘째, 완벽하지 않다는 사실 받아들이기

완벽히 잘하고 싶은 마음에서 불만과 문제가 나온다. 물론 노력은 필요하다. 노력도 하지 않고 '다들 완벽하지 않으니 대충하자'라는 게 아니다. 최대한 노력하고도 해내지 못했다면 마음을 내려놓아라. 자신을 깎아가며 완벽해지는 방법은 미래에 사용할 정신력과 체력을 빌려 쓰는 짓이다. 이자가 눈덩이처럼 불어나면 번아웃이라는 파산이 기다린다.

내가 완벽하지 않다는 걸 인정하면 강박적인 행동과 생각에서 벗어나 새로운 관점을 얻는다. 다른 장점은 인간관계에서도 인정하고 포기하는 부분이 생긴다. 모든 사람과 완벽한 관계를 이어가며 좋은 사람이고자 하는 마음을 놓으면 거절할 줄 알게 된다. 연습을 위해 작은 거절부터 하자. 상대방 시간에 맞추기 위해 내 일정을 미루지 말고, "그날은 일이 있어"라고 말해보자. 상대방이 흔쾌히 약속 시간을 바꿔줄 가능성이 크다.

셋째, 비판은 겸허히 수용하고, 칭찬은 자주 하기

나를 비판하는 말을 들으면 주눅이 들고 자신을 보호하기 위해 반발심이 든다. 하지만 상대방 비판에는 내가 발견하지 못한 길이 보인다. 자신이 알고 있던 단점을 비판할 때 유독 더 뼈아플지라도 회피하고 화내는 대신 상대가 한 말을 되돌아보자. 그 후 어떻게 하면 더 좋은 자신이 될지 찾아본다.

비판을 겸허히 받아들이는 게 시간이 걸린다면 진심을 담아 칭찬하는 사람이 되어보자. 칭찬에 진심을 담기 위해서는 상대를 관찰하고 장점을 찾는다. 진실한 칭찬은 듣는 사람은 물론 환하게 웃음 짓는 상대방 덕분에 나 역시 행복해진다.

넷째, 목표 명확하게 정하기

두리뭉실한 목표인 '부자', '행복하기' 같은 경우는 실천이 어렵다. 명확하게 이루고 싶은 걸 그리고 설정하라. 목표가 꼭 장기적이거나 물질적인 성취일 필요는 없다. '조금 더 관대한 사람이 되기 위해 매일 한 번은 주변 사람 칭찬하기'처럼 눈에 보이는 방법과 정신적인 목표를 설정하라.

다섯째, 돈 앞에서 냉정해지기

돈으로 행복을 살 순 없지만 돈이 지나치게 없다면 불행할 가능성이 커진다. 퍽퍽한 세상에 돈 걱정 없는 사람은 드물다. 하지만 적어도 돈을 번다면 나부터 돌봐야 한다. 미래를 위해 저금하고 남은 돈으로 생활하라. 동정심에 휘둘려 없는 돈을 쪼개서 빌려주거나 욕망에 넘어가 쇼핑이나 투기를 해서는 안 된다. 돈 앞에 냉정을 유지하면 돈으로 인한 걱정은 반 이상 줄어들 것이다.

사소한 건 사소하게

숨 쉬듯 벌어지는 사소한 일에 일일이 대응하면 삶이 피곤해진다. 그러니 사소한 일에 의연함을 유지하자. 다만 꼭 해야 하는 일이라면 사소해도 최선을 다하자. 지금까지 말한 사소함이란 앞서 말한 '달걀 깨기 논쟁'처럼 정말 하찮고 사소한 무엇이다. 정말 중요한 일은 구분할 줄 알아야 한다. 이렇게 살아간다면 필요한 일에만 집중할 수 있다. 지금 하는 걱정 중 사소한 부분이 있다면 사소하게 흘려보내자.

마지막으로, 다시 한번 벤저민 디즈레일리의 조언을 상기하자.

"사소한 일에 신경 쓰기에는 인생이 너무 짧다."

최악의 상황을 생각하기

결과를 기다릴 때 최악을 생각하며 마음을 다잡아본 적이 있는가? 신기하게도 그러면 어떤 결과가 나와도 과하게 실망하거나 슬퍼지지 않는다. 때로는 생각 외로 결과가 좋아서, '이 정도면 괜찮은데' 하는 생각이 든다. 최악의 상황을 그리면 문제를 해결할 방법을 찾아둬서 갑작스럽게 닥친 난처한 상황에도 자연스럽게 해결책이 나온다.

카렐 공식

뉴욕 버펄로에 있는 강철 회사의 엔지니어인 윌리 카렐은 가스 청소 기계를 설치하는 일을 했다. 그런데 어느 날 설치한 기계를 살펴보던 카렐은 회사에서 정해둔 품질 기준에 미치지 못하는 상태라는 걸 알아차렸다. 그러자 심적으로 매우 초조해지며 걱정이 밀려왔다. 이때 카렐은 초조함이 어떤 문제도 해결할 수 없다는 걸 떠올렸다.

'이 일이 가져올 최악의 결과는 무엇일까?'

다른 기계로 교체하는 작업을 하거나, 해고를 당하는 상황이 가장 최악이었다. 둘 중 더 최악은 해고인데 기계를 수리하는 엔지니어가 부족했기에 어렵지 않게 새로운 일자리를 구할 거라 생각되었다. 해고 이후에 다른 회사로 이직이 가능하기에 제일 좋지 않은 결과를 받아들일 준비가 되었다. 이런 사고 과정을 거치자 카렐은 점차 차분해졌다. 그 후 몇 번 더 테스트하고 돈을 더 들여 설비를 보완하면서 문제는 자연스럽게 해결되었다. 그 결과 회사는 완벽한 개선 방안을 얻었고 카렐 역시 해고를 면했다.

자기계발서의 선구자인 데일 카네기는 카렐이 겪은 일을 체계적으로 정리해 '카렐 공식'이라고 명명했다. 어려운 문제와 마주했을 때 가장 나쁜 결과를 생각하며 심리적 안도감을 찾고, 해결 방안을 찾아 나가는 과정이 카렐 공식이다. 《걱정을 멈추고 즐겁게 사는 법》에는 이에 관한 언급이 있다.

'가장 나쁜 상황에 직면했을 때 먼저 정신적으로 받아들이고 침착하게 집중하여 문제를 해결하면 걱정의 근원을 지울 수 있습니다.'

문제를 받아들이고 가장 나쁜 상황까지 시뮬레이션하면 오히려 담담한 마음으로 해결책을 찾게 된다.

그만둘 수 있다는 마음

회사에 다니며 만난 사람 중 같은 회사에 오래 다니는 사람은 공통된 특징이 있었다.

첫 번째는 책상이 지저분한 사람이다. 책상을 깨끗이 치우지 않는 이들은 항상 옆에서 함께했다. 특히 갑자기 책상을 깨끗하게 정리한 직장 동료는 곧 회사를 떠났다.

두 번째는 회식에 빠지지 않고 참석하는 사람이다. 심지어 퇴근 후 간단한 식사 자리까지 모조리 찾아가는 동료는 회사에 오래 다닌다. 반대로 회식에 참석하지 않는 직원은 퇴사가 빨랐다.

마지막은 걸핏하면 친한 동료에게 "아, 내가 그만두고 말지!"라고 하소연하는 사람이다. 퇴사 준비는 전혀 하지 않고 조금만 힘들면 그만둔다고 엄살 부리던 친구는 내가 이직을 한 이후에도 회사에 남았다.

비전공 개발자로 시작한 첫 직장생활에서 나는 큰 포부를 지녔었다. 아침마다 파이팅을 외치면서 코딩 한 줄 한 줄에 모든 열과 성의를 다했다. 개발 일정이 나오면 주말에도 일하겠다고 떠들어대며 열정을 불태우던 초보 개발자였다. 하지만 의욕이 과했을까? 첫 직장생활은 엉망진창이었다. 실패한 원인은 다양했지만, 그중에서도 가장 큰 요인은 뭐든지 다 잘해내야 한다는 강박이었다.

'실수하면 안 돼! 회사에 오래 다닐 거야!'

코딩은 누구나 실수하고, 실수를 고쳐 나가는 과정의 작업이다. 그런데 그 시절에는 조금만 실수하면 잘린다고 착각했다. 이러다 보니 좀처럼 집중하지 못했고 걱정이 앞서서 예민해졌다. 결국 제대로 된

능력을 보여주지 못했다.

하지만 지금은 윌리 카렐과 비슷해졌다. 숙련된 개발자의 수가 부족한 환경을 깨달았고, 이직을 몇 번 해보니 일자리를 어렵지 않게 찾을 수 있다는 걸 몸소 경험했다. 이제는 오히려 위기가 닥쳐올 때 최악을 생각하며 마음을 달랜다.

'이번 프로젝트 실패해서 잘리면 이직하지, 뭐!'

개발자 경력이 10년을 훌쩍 넘겼지만, 지금도 항상 최악을 생각하며 코딩한다. 처음부터 완벽한 코딩은 없고, 오류를 잡아가다 보면 어느새 일이 마무리된다. 당연히 실수가 나오는 상황에 최악을 생각하면 마음이 가벼워지고 풀리지 않던 문제도 자연스럽게 해결된다. 카렐 공식을 모르던 때에도 최악을 생각하며 마음을 안정시키는 카렐 공식을 사용하고 있던 셈이다.

카렐 공식 사용법

카렐 공식은 최악을 생각하며 마음을 차분하게 만드는 방법이 포인트지만, 사실 여기에는 매우 간단한 세 가지 절차가 있다.

> **KEY POINT**
>
> - 첫째, 두려움이 줄어들면 이성적으로 주어진 상황을 분석할 수 있다.
> - 둘째, 발생 가능성이 있는 가장 나쁜 상황을 찾아서 그 상황을 받

아들여야 한다.
- 셋째, 합리적으로 최악의 상황을 개선할 해결책에 집중한다.

실패에 대한 두려움이 생기는 건 너무나 당연하다. 마음이 받을 충격을 완화하기 위해서는 나에게 벌어지는 가장 나쁜 상황을 대비하자. 패닉에 빠지지 않고 이성을 유지하면 문제점과 대비책이 보인다. 실패를 돌이키지 못하지만, 지금 처한 상황을 해결하면서 배움을 얻으면 우리는 성장한다. 이때 빠르게 문제를 털어내야 한다. 엇나간 방향에 고립되어 실패를 곱씹는 반복의 굴레에 빠지지 말고 상황을 인정하고 해결책을 찾자.

걱정이 난처한 이유 중 하나는 집중력을 해친다는 점이다. 걱정에 빠지면 일의 순서를 지키지 못하고 선택에 앞서 우유부단한 반응을 보인다. 내게 발생한 상황에서 벌어질 가장 나쁜 결과를 예상하는 것은 해결책을 준비하고 마음의 에어백을 설치하는 과정이다. 대부분 내가 생각했던 일보다 결과가 나쁘지 않기에 미리 생각해뒀던 해결 방안을 침착하게 적용하는 과정에 문제는 해결된다.

최악은 시도하지 않는 것

'농구 황제' 마이클 조던이 갑자기 야구 선수로 전향하여 2년간 그라운드에 섰다. 결과는 아쉽게도 성공적이지 못했다. 그는 야구를 접으며 말했다.

"나는 실패를 받아들일 수 있다. 누구나 뭔가에선 실패하게 마련이니까. 하지만 시도조차 하지 않는 것은 받아들일 수 없다."

이 말은 직접 부딪쳐 경험한 상황에서 나온 메시지이기에 더욱 울림을 준다.

마이클 조던은 실종되었던 아버지가 총에 맞아 숨지면서 실의에 빠졌다. 이때 그를 일으켜 세웠던 것은 아버지가 했던 말이다. 농구를 그만두고 야구를 해보는 게 어떻겠냐는 조언이었다. 마이클 조던은 아버지의 말을 계기로 야구에 도전한다. 위대한 농구 황제가 야구, 그것도 마이너리그에서 뛴다는 소식은 놀라움 그 자체였다. 아쉽게도 마이클 조던은 야구에서 성공하지 못했고 2년이 지난 시점에 농구 코트로 돌아온다. 코트를 뜨겁게 달군 그는 복귀 다음 해에 영화처럼 시카고 불스를 정상에 올려놓는다.

농구 황제로 돌아온 조던에게 사람들은 이렇게 말했다.

"짧은 전성기를 2년이나 야구장에서 허비하다니!"

이에 조던은 답했다.

"야구가 내게 준 가르침은 시도를 두려워하지 말라는 거였다. 일어날 수 있는 최악의 경우는 시도하지 않는 것이다."

그는 시도하지 않는 일 자체가 자신에게는 큰 재앙이 되었을 것이라 말한다. 많은 사람은 걱정에 매몰되면 상황을 회피한다. 시도조차 하지 못하고 주저앉는다. 눈을 감고 피하면서 이때 오는 일시적인 안정을 다행으로 여긴다. 하지만 회피는 두려움의 연장이다. 최악의 경우를 생각하면서 도전하지 않는 건 정답이 아니다. 지금이 아니면 안 된다는 마음으로 첫발을 내딛자. 도전하고 오는 최악보다 시도하지 않는 최악이 더 최악이다.

오늘이 삶의 마지막 날이라면?

'메멘토 모리(Memento Mori)'라는 라틴어가 있다. 사전적으로는 '죽음을 기억하라'는 뜻으로, '네가 반드시 죽는다는 것을 기억하라'는 의미로 해석하기도 한다. 고대 로마에서는 승리를 거둔 장군이 시가행진을 할 때 행렬 뒤에서 노예를 시켜서 '메멘토 모리'를 큰 소리로 외치게 했다고 전해진다. 전쟁의 승리에 취해 교만해지지 말라는 경고를 담은 외침이었다.

죽음을 깊이 생각할 땐 적절한 시간과 공간이 필요하다. 연인이나 친구와 함께할 때는 그런 생각에 집중하지 못한다. 내 삶에 죽음이 어떤 영향을 미치는지 생각하기 위해서는 혼자만의 시간이 필요하다. 온전히 혼자만 있는 순간에 질문을 던진다.

"죽음과 마주하는 바람직한 태도는 뭘까? 어떤 자세로 살아가야 할까?"

사람은 결국 죽는다. 영원히 사는 것처럼 오늘을 누리고 있지만, 내일 뜨는 해를 보지 못할 가능성이 항상 존재한다. 현재는 찰나고 스치면 바로 과거다. 당장 한 시간 뒤에 내가 어떻게 될지 정확히 정해져 있지 않다. 늘 죽음은 우리 곁에서 맴돈다. 그렇다고 삶을 포기해야 할까? 아니다. 역설적으로 죽음이 가까이 있다는 사실 덕분에 지금 순간에 몰입할 힘이 생긴다.

한동안 유서 쓰기가 유행이었다. 죽음을 생각하면서 나에게 남은 삶에 감사하자는 취지였다. 죽음을 생각하는 건 살아온 생을 돌아보고 남은 생을 살아가기 위한 방법을 찾는 과정이다. 유서 쓰기는 무턱대고 죽음 이후를 생각하며 그냥 적는 게 아니라, 유언장을 작성하듯 유언 집행인과 재산 처리 방침, 장례 절차, 남기고 싶은 말을 적는다.

몇 년 전 작성한 유서에는 얼마 되지 않는 예금과 당시에 소중히 여겼던 물건을 누구에게 줄지 고민한 흔적이 보였다. 지금 와선 별것 아닌데 그때는 왜 그렇게 중요했는지. 당시의 나였기에 했던 고민이다.

유언장을 쓰던 나는 담담히 전하고 싶은 말을 적어 나갔다. 그때부터 지금까지 늘 따라오는 마음은 가족을 향한 애정이다. 죽음과 대면하는 상황은 두렵지만, 그보다 앞서 가족을 향한 걱정이 밀려온다. 작은 일에 났던 짜증은 아무것도 아닌 게 되고, 지지 않으려고 바락바락 버티던 고집스러운 행동은 바보처럼 느껴졌다. 진짜로 죽는 게 아닌데 유언장을 쓰는 동안만큼은 살아 있다면 뭐든 할 수 있다는 마음이 나를 감쌌다. 그때만큼은 세상에서 가장 좋은 사람이 되었고, 도전이 무섭지 않았으며, 살아 있음에 감사했다.

앞서 다룬 카렐 공식을 조금 변형해서 최악의 상황을 죽음으로 가정해서 사용해보자. 오늘이 삶의 마지막 날이라면 어떨까? 일상적으로 빠져 있던 걱정은 떠오르지도 않는다. 단지 사랑하는 사람과 마지막 시간을 보내기 위해 최선을 다하고 싶다. '메멘토 모리'는 걱정에 휩싸인 우리에게 말한다.

"사람은 당장 내일 죽을 수도 있어. 그만 걱정하고 오늘에 집중해!"

지금 벌어질 최악의 문제는 무엇일까? 회사에서 해고되는 것? 병으로 침대에 눕는 일? 하루아침에 재산을 전부 탕진하는 상황? 모두 겪고 싶지 않지만, 그중에서도 최악은 죽음이다. 다른 모든 상황은 다음을 기약할 힘이 있지만 죽음에는 다음이 없다. 죽음을 떠올려보고 그보다 나쁜 게 없다면, 살아 숨 쉬고 있음에 감사하고 과감히 앞으로 나아가자.

스스로 정하는 인생 속도

우리는 눈치 보며 남들 속도에 나를 맞춘다. 때가 되면 대학에 가야 하고, 때가 되면 결혼하고, 때가 되면 아이를 낳아야 한다는 압박을 받는다. 그런데 그렇게 눈치 보며 남과 속도를 맞추면 행복할까? 오히려 남들과 속도를 맞추기 위해서 비교하는 삶으로 자신을 내던지는 행위가 아닐까?

표지판처럼 정해진 인생 속도

자동차를 운전하면 신경 쓰이는 부분이 생긴다. 주차도 난관이지만 운전자를 예민하게 만드는 요소 중 하나가 제한 속도다. 도로 위 표지판에 빨간 동그라미, 그 안에 굵은 글씨로 쓰인 숫자는 현재 도로 위 속도 제한을 알린다. 제한 속도를 넘어서 달리면 일명 '벌금 딱지'를 끊게 되고 과태료가 발생한다. 자동차 전용도로나 고속도로에서는 반대로 최저 속도를 제한한다. 여기서는 느리게 가면 과태료를 물린다.

뚜벅이 시절에는 느리게 걷든지 뛰든지 신경 쓰지 않았지만, 자동차에 탑승하면 속도를 지켜야 한다. 인생에도 이런 표지판이 존재한다. 그것도 너무 많다. 무슨 내용이 적힌 표지판인지 한번 살펴보자.

"아무리 그래도 스물엔 대학은 가야지."

"곧 삼십 중반인데 결혼 안 해?"

"청약 적금은 넣고 있니? 마흔 살 전에는 아파트를 장만해야지."

"요즘은 맞벌이도 살기 어려워. 삼십 대인데 무조건 부부가 같이 돈을 벌어야지."

"한 살이라도 젊을 때 애를 낳아야지!"

"젊을 땐 남 밑에서 배워야지 무슨 창업이니?"

한국 사람이라면 한 번쯤은 겪었을 주변의 오지랖이다. 잘살고 있는 사람에게 '너를 위해'라는 핑계로 끊임없이 이래라저래라 남의 인생에 표지판을 세운다. 그리고 없던 걱정까지 만들어준다. 이러한 표지판에 공통으로 들어가는 단어는 바로 '나이'이다. 인생 속도 규정집이 있지도 않은데 정해진 속도를 넘겨도 문제, 못 넘겨도 문제이다. 오지랖 넓은 사람은 나이로 속도를 측정해 끊임없는 잔소리로 벌금 딱지를 끊어 불안이라는 벌금을 물린다. 그래서 진심으로 걱정해주는 건지, 걱정을 만들어주는 건지 알 수가 없다.

나이에 맞는 속도를 왜 강요받아야 할까? 나이에서 벗어나 자유롭게 살 수는 없을까?

사회적 시계

심리학에서는 나이대별로 개인의 성장과 발달을 평가하는 기준을 '사회적 시계(Social clock)'라고 말한다. 사회적 시계는 1965년 시카고 대학교 심리학과 교수 뉴가튼, 존 무어, 존 로가 함께 제시한 개념이다. 사회와 문화의 체제 안에서 사람에게 관습이 된 인생 주기를 일컫는 뜻으로 개인에게 시간에 대한 압박을 가하는 하나의 기제이다. 쉽게 말해, 특정 사회나 문화 체제 안에서 관습처럼 여겨지는 인생 주기를 말한다. 진학, 취업, 결혼, 출산 등 특정 나이대에 반드시 달성해야 하는 발달 과업이 존재한다는 믿음이 깔려 있다.

어느 사회나 이러한 사회적 시계의 압박이 존재한다. 하지만 타인이 바라보는 시선과 기준을 중요시하는 한국인은 나이 규범에 더 민감히 반응하는 경향을 보인다. 이러한 압력에 못 이겨 사람들은 사회적 시계에 맞춰서 살려고 노력한다. 특정 나이에 타인의 기대에 못 미쳐 과업을 완수하지 못한다면 불안과 조급함을 느끼며 '실패한 느낌'에 빠진다. 문제는 현대 사회가 요구하는 자격 기준이 과거에 비해 늘어났다는 점이다. 이러한 상황 속에서 젊은 세대는 과거에 비해 더 큰 노력과 시간을 들이지만 과업을 이루지 못하는 경우가 많아졌다.

누구보다 큰 노력을 하지만, 좋은 결과를 얻기 힘든 시대다. 사회적 기준에 나를 맞추지 않고 살아갈 방법은 없을까?

속도 제한이 없는 도로

모든 도로가 속도를 제한하지는 않는다. 독일의 아우토반은 속도가 무제한인 도로이다. 독일어로 '고속도로'라는 뜻의 아우토반에 가면 우리나라와 차이를 느끼기 어렵다. 똑같은 아스팔트 위에 길게 펼쳐진 도로, 그 위를 시속 100~120킬로미터로 달리는 평범한 차들, 마치 영화 〈매드맥스〉처럼 분노의 질주만 가득할 거 같은 도로는 의외로 평온하다. 하지만 가끔 1차로에서 총알처럼 날아가듯 달리는 차를 본다. 시속 200킬로미터는 족히 넘는 속도로 멈추지 않고 아우토반을 가로지르는 차를 보면 이곳이 정말 속도 제한이 없는 도로임이 느껴진다.

아우토반 1차로를 주행하는 자동차는 저마다 사연이 있을 것이다. '중요한 회의에 늦은 회사 임원', '오늘마저 지각하면 낙제하는 아들을 위해 운전대를 잡은 아버지', '비싼 고성능 차를 인수한 후 속도를 즐기고 싶은 차주', '답답한 게 싫어 그저 빠른 속도가 좋은 사람', '실수로 1차로에 진입해서 속도를 맛본 초보 운전자' 등 다양한 이유로 1차로를 달린다. 물론 그 도로를 벗어나면 바로 과태료 대상이지만 제한받지 않고 달려도 되는 도로가 존재한다.

아우토반을 달리는 자동차처럼 사회적 시계에서 벗어나 나만의 속도로 살아가면 어떨까? 나를 힘들게 하는 고민 중에 사회적 시계와 관련된 압박은 없는지 살펴보자.

나만의 인생 속도

무언가를 좇을 때 다른 사람보다 몇 걸음만 늦어져도 마음 한구석에서 불안과 초조함이 올라온다. 그런데 알고 보면 쓸데없는 걱정이다. 당신은 뒤처지지 않았고 자신의 시간대를 살아가고 있을 뿐이다.

한국처럼 모든 국민이 같은 시간을 살아가는 곳이 있지만, 미국처럼 주마다 다른 시간을 살아가는 나라도 있다. 큰 면적으로 인해 도시별로 시차가 생긴다. 하지만 시간만 다를 뿐 결국 같은 나라다. 사회적 시계도 마찬가지다. 사회적 업적에 맞춰 살아갈 필요 없이 나만의 시간대에서 잘 계획하면 된다. 삶은 누군가가 정해놓은 규칙대로 살 필요 없이 내가 행동할 적절한 시기를 기다리면 된다.

우주공학 박사인 고료 미우라는 자신의 시간대를 설정하고 그것에 맞춰 사는 사람이다. 어느 날 그는 종이접기에 푹 빠진다. 사람들은 그가 자신의 재능을 종이접기로 낭비하고 있을 뿐 아니라 전공 분야에 대한 이상과 포부까지 잃어버렸다며 걱정했다. 하지만 고료 미우라는 종이접기가 굉장히 즐거웠고 최선을 다해 종이접기를 연구했다. 그 후 '미우라 접기'라고 불리는 놀라운 종이접기 방법을 발명한다. 이런 미우라 접기는 항공 우주 분야의 접이식 태양 에너지 패널부터 의학 분야의 인조 혈관 지지대까지 다양한 분야에 활용된다. 자신만의 걸음으로 나아갔던 그가 사회적 압박에 못 이겨 즐거움을 포기했다면 미우라 접기는 탄생하지 못했을지도 모른다.

사회적 시계란 개념을 정립한 일원 중 한 명인 교수 버니스 뉴가튼은 사회적 시계가 각 사회와 문화가 지닌 영향을 받지만 무조건 동일한 기준이 적용되지는 않는다고 밝혔다. 나이는 관습적으로 형성된 사회적 시계로 시대에 따라 기준이 변한다. 지금 아니면 안 될 것 같은 일이지만 돌이켜보면 내가 정한 속도로 달려도 됐다. 그러니 나이에 얽매여 삶을 과하게 걱정하지 말았으면 한다. 또한 타인의 속도에 맞춰 나 자신을 걱정할 필요도 없다.

어떤 사람은 20대에 첫 책을 내고, 그 뒤로 다음 책을 내지 못한다. 어떤 사람은 40대에 첫 책을 내고, 그 뒤로 왕성한 활동을 한다. 어떤 사람은 20대 초반에 결혼하고 30대에 이혼한다. 어떤 사람은 40대에 결혼해서 죽기 전까지 부부의 연을 이어간다. 누군가는 노인이 되어서 처음으로 회사에 들어간다. 누군가는 40대에 은퇴한다.

세상 사람의 오지랖을 빗겨나 살아가는 사람이 많다. 그들은 자신만의 시간을 자신이 정한 속도로 살아간다. 삶이란 남들이 만들어놓은 길이 아니라 내가 만든 길을 걷는 여행이다. 누군가는 앞서가고 누군가는 뒤처지는 것처럼 보이지만 기준점은 사람마다 다르다. 인생에서 벌어지는 중요한 상황을 고민할 적절한 시기는 내가 알고 있다.

나이가 들면 당연히 해야 한다고 생각하는 일이 많다. 그런 의무감을 깨고 변화의 선봉에 선 사람은 주변인과의 대립보다 자기 내부에서 일어나는 사회적 통념으로 더 힘들어한다. 사회는 생각에 비해 느리게 변한다. 시스템이 변해도 사회적 인식이 변하는 시간은 오래 걸린다.

나이가 들면 성숙한 사람이 되어서 사회적 기준에 맞춰서 살아야 한다는 책임감이 따라붙는다. 그러나 그럴수록 나를 중심으로 생각하고 행동하자. 눈치 보며 다른 사람이 욕망하는 것을 나의 욕망이라 착각하는 이의 말로에는 공허함만이 남을 뿐이다.

시간관리로 걱정 줄이기, 포모도로 기법

우리가 많이 느끼는 걱정 중 하나는 '시간이 부족하다'는 것이다. 마감 시간에 쫓기고, 해야 할 일은 산더미인데 시간은 턱없이 모자라다고 느낄 때 불안과 스트레스가 치솟는다. 하루는 모두에게 공평하게 24시간이지만, 어떤 사람은 이 시간을 여유롭게 사용하고 어떤 사람은 항상 시간에 쫓긴다. 그 차이는 어디서 오는 걸까? 바로 시간을 관리하는 방식에 있다.

우연히 만난 선배 개발자의 '포모도로 타이머'

회사 일과 글쓰기를 병행하면서 가장 많이 듣는 질문은 "시간을 어떻게 관리하세요?"이다. 퇴근 후 저녁 시간, 주말까지 책 집필에 쏟아붓다 보니 당연한 질문이겠지만, 사실 나 역시 시간관리의 달인은 아니었다. 오히려 반대에 가까웠다.

그러던 어느 날, 선배 개발자가 책상 위에 토마토 모양의 타이머를 올려놓고 있는 모습을 봤다. 호기심에 물어보니 '포모도로 기법(Pomodoro Technique)'이라는 시간관리법을 실천 중이라고 했다. 그날 저녁, 호기심에 이 기법을 검색해보고 다음 날부터 바로 실천에 옮겼다. 처음에는 25분 동안 딱 한 가지 일에만 집중한다는 게 어색했지만, 일주일쯤 지나자 놀라운 변화를 경험했다. 업무 속도가 빨라졌고, 무엇보다 '시간 부족'의 걱정이 눈에 띄게 줄어들었다.

이제 포모도로 기법은 내 일상의 일부가 되었다. 개발 업무에서도, 책을 쓸 때도 이 방법을 활용한다. 일을 시작할 때마다 타이머를 설정하고, 그 시간 동안은 오직 한 가지 일에만 집중한다. 걱정들은 5분 휴식 시간까지 기다려야 한다는 규칙을 세우니, 자연스럽게 마음의 여유가 생겼다.

걱정이 밀려오는 순간, 우리는 흔히 시간 압박을 느낀다. '이 일을 언제 다 마치지?', '저 업무는 어떻게 처리하지?' 등등의 생각이 꼬리에 꼬리를 문다. 이처럼 걱정과 시간은 밀접한 관계를 맺고 있다. 시간을 효과적으로 관리하는 능력은 걱정을 줄이는 강력한 도구가 될 수 있다. 이번 장에서는 시간관리와 걱정 감소에 탁월한 효과를 보이는 '포모도로 기법'에 대해 자세히 알아보자.

포모도로 기법의 과학적 배경

〈하버드 비즈니스 리뷰〉에 발표된 연구에 따르면, 90분마다 10~15

분 정도의 짧은 휴식을 취한 사람들이 그렇지 않은 사람들보다 업무 효율성이 더 높았다. 특히 짧은 휴식은 스트레스 호르몬인 코티솔 수치를 낮추고 집중력과 창의력을 높이는 데 도움을 준다. 이는 걱정으로 가득 찬 마음을 진정시키는 과학적 근거를 제공한다.

포모도로 기법은 1980년대 후반 프란체스코 시릴로가 개발한 시간 관리 방법이다. 이탈리아어로 '토마토'를 의미하는 '포모도로'라는 이름은 그가 사용했던 토마토 모양의 주방 타이머에서 유래했다. 이 기법은 25분 집중 업무 후 5분 휴식을 취하는 사이클을 반복하는 방식이다. 네 번의 사이클이 끝나면 15~30분의 긴 휴식을 취한다.

세계적인 심리학자 헨리 뢰디거, 마크 맥대니얼, 피터 브라운의 공저《어떻게 공부할 것인가》와 브레인 코치 짐 퀵의《마지막 몰입》에서는 이러한 간헐적 휴식이 가져오는 인지적 이점을 강조한다. 연구에 따르면, 쉼 없이 계속 공부하는 것보다 적절한 휴식을 취하며 공부할 때 학습 효율이 크게 향상된다.

포모도로 기법에서 중요한 요소 중 하나는 바로 '계획된 휴식'이다. 25분간의 집중 작업 후 이어지는 5분의 휴식은 단순한 쉼표가 아닌 뇌 기능의 최적화를 위한 필수 과정이다. 짧은 휴식은 뇌가 방금 학습한 내용을 정리하고 체계화하는 귀중한 시간을 제공한다. 이 과정에서 뇌는 새롭게 습득한 정보를 기존 지식과 연결하고, 다음 학습 세션을 위한 준비를 한다. 특히 5분이라는 시간은 뇌가 충분히 회복하면서도 집중 모드에서 완전히 이탈하지 않는 최적의 균형점이다.

포모도로 기법이 걱정관리에 효과적인 이유

걱정이 많은 사람에게 이 기법이 특히 효과적인 이유는 다음과 같다.

첫째, 시간의 구체화

시간을 구체적으로 쪼개어 관리하면 심리적 부담이 크게 줄어든다. '무한한 시간 동안 완벽하게 해야 한다'는 부담감 대신 '단 25분만 최선을 다한다'는 생각으로 접근하면 훨씬 마음이 편해진다. 이는 걱정이 많은 사람이 흔히 겪는 '압도감'을 줄여준다.

둘째, 현재에 집중

걱정은 주로 과거나 미래에 대한 생각에서 비롯된다. 25분 동안 당면 과제에만 집중하는 포모도로 기법은 자연스럽게 현재에 주의를 기울이게 만든다.

셋째, 통제감 회복

걱정이 많은 사람들은 흔히 '통제 불능' 상태를 느낀다. 포모도로 타이머를 설정하고 시간을 관리하는 행위는 통제감을 회복하는 데 도움이 된다. '내가 이 25분을 어떻게 사용할지 결정할 수 있다'는 인식은 불안을 크게 감소시킨다.

넷째, 완벽주의 극복

걱정이 많은 사람 중 상당수는 완벽주의 성향을 가지고 있다. 포모도로 기법은 '완벽하게 해야 한다'는 압박 대신 '이 25분 동안 최선을 다한다'는 현실적인 목표를 설정하게 한다. 이는 완벽주의로 인한 불안을 줄이는 데 효과적이다.

다섯째, 휴식의 정당화

많은 사람이 휴식에 죄책감을 느낀다. 포모도로 기법은 휴식을 시스템의 일부로 만들어 정당화한다. 이는 과로로 인한 스트레스와 불안을 예방하는 데 도움 된다.

포모도로 기법의 실제 적용

포모도로 기법을 일상에 적용하는 방법은 생각보다 간단하다. 다섯 가지를 하나씩 해보자

KEY POINT

- 작업 선택하기: 집중해서 수행할 작업을 선택한다.
- 타이머 설정: 타이머를 25분으로 설정한다.
- 작업 수행: 타이머가 울릴 때까지 작업에만 집중한다. 메시지 확인, SNS 등 다른 행동은 하지 않는다.
- 휴식 취하기: 타이머가 울리면 5분간 휴식한다. 스트레칭, 물 마시기, 창밖 바라보기 등 가벼운 활동을 한다.
- 반복하기: 이 과정을 네 번 반복한 후, 15~30분의 긴 휴식을 취한다.

개발자로 일하며 포모도로 기법을 사용했던 내 경험은 인상적이었다. 처음에는 25분이 너무 짧게 느껴졌지만, 복잡한 알고리즘을 구현하던 날 이 방법을 시도했다. 25분 동안 코드에만 집중하고 5분은 창밖을 바라보며 휴식했다. 네 번째 사이클을 마칠 때쯤 갑자기 해결책이 떠올랐다.

가장 놀라운 점은 걱정이 줄어든 것이었다. 25분이라는 명확한 시간 제한 덕분에 '지금 이것만 해결하자'는 생각으로 집중할 수 있었고, 산더미 같던 업무가 관리 가능한 크기로 느껴졌다. 이전에는 '이 모든 일을 어떻게 다 처리하지?' 하는 생각에 압도되었지만, 포모도로 기법을 통해 한 번에 하나씩 처리하는 법을 배웠다.

걱정 장인을 위한 포모도로 시작 가이드

첫째, 시작은 작게

25분이 너무 길게 느껴진다면, '15분 집중, 3분 휴식'으로 시작해보자. 처음부터 완벽하게 할 필요는 없다. 나도 처음에는 10분 집중도 어려웠지만, 조금씩 늘려가니 어느새 표준 포모도로 시간에 익숙해졌다. 시간보다 중요한 것은 규칙적인 실천이다. 걱정이 많을수록 짧게 시작해 성공 경험을 쌓아가는 게 효과적이다.

둘째, 환경 준비

알림을 끄고, 방해 요소를 제거하자. 타이머는 눈에 잘 보이는 곳에 두자. 스마트폰은 비행기 모드로 설정하거나 다른 방에 두는 것이 좋다. 주변 사람들에게도 집중 시간임을 알려 방해받지 않도록 하자. 작은 식물 하나, 좋아하는 물건 하나 정도만 두고 책상을 정리하면 집중력이 놀랍게 향상된다. 내 경우엔 아예 '집중 모드' 공간을 따로 마련했더니 그곳에 앉는 순간 자연스럽게 집중 상태로 전환되었다.

셋째, 의도 설정각

포모도로 세션을 시작하기 전에 '이 25분 동안은 ○○에만 집중한다'라고 명확한 의도를 세우자. 단순히 '일하기'가 아니라 '보고서 첫 문단 작성하기'처럼 구체적으로 정하는 게 좋다. 의도를 종이에 적어두면 더 효과적이다. 집중하는 동안 걱정이 떠오르면 '지금은 이것만 생각하기로 했어'라고 자신에게 말하며 주의를 돌린다. 이 과정을 반복하면 걱정보다 현재 과제에 집중하는 능력이 발달한다.

넷째, '실패해도 좋아' 마인드

중간에 방해받거나 집중이 흐트러졌다면, 타이머를 리셋하고 다시 시작하자. 자책하지 말자. 누구나 처음에는 실패한다. 친구 P는 첫 주에 포모도로를 단 한 번도 완벽히 끝내지 못했지만, 한 달 후에는 하루 6개의 포모도로를 완료할 수 있었다. 실패는 절대 낭비가 아니라 뇌를 훈련시키는 과정이다. 마치 운동처럼, 포모도로 집중력도 근육처럼 발달한다고 생각하자.

다섯째, 점진적 확장

업무뿐만 아니라 취미, 독서, 심지어 TV 시청에도 포모도로를 적용해보자. 모든 활동이 의식적이고 집중된 경험이 될 수 있다. 특히 걱정이 많을 때는 '걱정 포모도로'를 만들어 하루 중 특정 시간에만 걱정에 집중하고, 나머지 시간에는 걱정을 미루는 연습을 해보자. 걱정도 시간을 정해두면 통제 가능한 활동으로 변한다. 내 경험으로는 취미 활동에 포모도로를 적용했을 때 더 깊은 몰입감을 느꼈고, 이 경험이 업무에도 자연스럽게 전이되었다.

걱정관리를 위한 포모도로 응용법

기본적인 포모도로 기법에서 나아가, 걱정관리에 특화된 응용법을 제안한다. 아이러니하게도 걱정을 완전히 무시하려 하면 오히려 더 강해질 수 있다. 그 대신 '걱정 포모도로'를 만들어보자. 하루에 딱 25분만 모든 걱정에 집중할 시간을 배정한다. 이 시간에는 걱정을 메모하고, 분류하고, 해결 방안을 생각한다. 시간이 끝나면 걱정 노트를 덮고, 나머지 하루는 걱정이 떠오를 때마다 "이건 내일 걱정 시간에 생각하기로 했어"라고 스스로에게 말한다.

회사원 N은 이 방법으로 불안장애를 극복했다.

"처음에는 온종일 걱정하는 것과 25분 동안만 걱정하는 것이 무슨 차이가 있을까 의심했어요. 그런데 놀랍게도 '걱정 시간'을 정해두니 나머지 시간에는 훨씬 자유로워졌습니다. 게다가 집중해서 걱정을 분석하다 보니 대부분이 실제로는 그렇게 심각한 문제가 아니라는 걸 깨달았죠."

포모도로 트래킹과 성취감

포모도로 세션을 완료할 때마다 기록해두자. 이 간단한 행동이 성취감을 주고, 통제감을 회복시켜 걱정을 줄이는 데 도움 된다. 앱을 사용하거나 종이에 직접 체크 표시를 해도 좋다. 개발자 M은 자신의 경험을 이렇게 소개했다.

"하루에 몇 개의 포모도로를 완료했는지 기록하기 시작했어요. 처음에는 단순히 생산성을 측정하기 위한 목적이었는데, 시간이 지날수록 예상치 못한 효과가 나타났습니다. '오늘 8개의 포모도로를 완료했다'라는 기록을 보면 뿌듯함과 함께 '나는 내 시간을 통제할 수 있다'는 자신감이 생겼습니다. 이 자신감은 미래에 대한 걱정을 크게 줄여주었죠."

포모도로가 실패했다면?

포모도로 기법을 시도했지만, 효과를 보지 못했다고 실망할 필요는 없다. 다음은 흔히 발생하는 문제와 그 해결책이다.

첫째, 집중력 부족으로 25분을 채우지 못할 때

이는 매우 흔한 문제다. 집중력은 근육과 같아서 훈련이 필요하다. 처음에는 10분부터 시작해 점차 늘려가자. 작은 성공이 자신감을 키우고, 결국 25분 전체를 완료할 수 있게 될 것이다.

둘째, 끊임없는 방해로 포모도로가 중단될 때

환경 설정이 중요하다. 동료들에게 집중 시간임을 알리고, 전화는 무음으로 설정하며, 이메일과 메시지 알림을 끄자. 가능하다면 '방해 금지' 표시를 책상에 두는 것도 좋은 방법이다.

셋째, 포모도로 기법이 업무 흐름을 방해한다고 느낄 때

때로는 '몰입 상태'에 있을 때 타이머가 울리면 방해가 된다고 느낄 수 있다. 이런 경우에는 유연하게 적용하자. 정말 깊은 몰입 상태라면, 그 흐름을 타고 작업을 계속한 후 자연스럽게 휴식을 취해도 좋다.

넷째, 포모도로를 완료했는데도 성취감이 부족할 때

이런 경우, 시각적인 추적 시스템을 도입해보자. 완료한 포모도로마다 달력에 스티커를 붙이거나, 특별한 표시를 하는 것은 간단하면서도 효과적인 방법이다. 또한 하루 목표를 세우고 달성했을 때 작은 보상을 주는 것도 성취감을 높이는 데 도움 된다.

포모도로의 진정한 의미

포모도로 기법은 단순히 시간관리 도구가 아니라, 우리 마음의 흐름을 조절하는 방법이다. 걱정이 끊임없이 흘러가는 강이라면, 포모도로는 그 강에 댐을 만들어 흐름을 통제하는 것과 같다. 당신의 주의력을 어디에 쏟을지 스스로 결정함으로써, 걱정의 홍수에 휩쓸리지 않고 평온한 마음 상태를 유지할 수 있을 것이다.

처음엔 작은 빗방울이었던 걱정이 어느새 마음을 뒤덮는 폭우가 되곤 하지만, 포모도로 기법은 그 비를 필요할 때만 내리게 하는 날씨 조절 장치와 같다. 이 단순하면서도 강력한 기법을 통해, 당신의 시간과 마음에 대한 주도권을 되찾길 바란다.

또 너무 과하게 걱정하고 계시네요 더 잘될 겁니다

PART 02

마음
다스리기

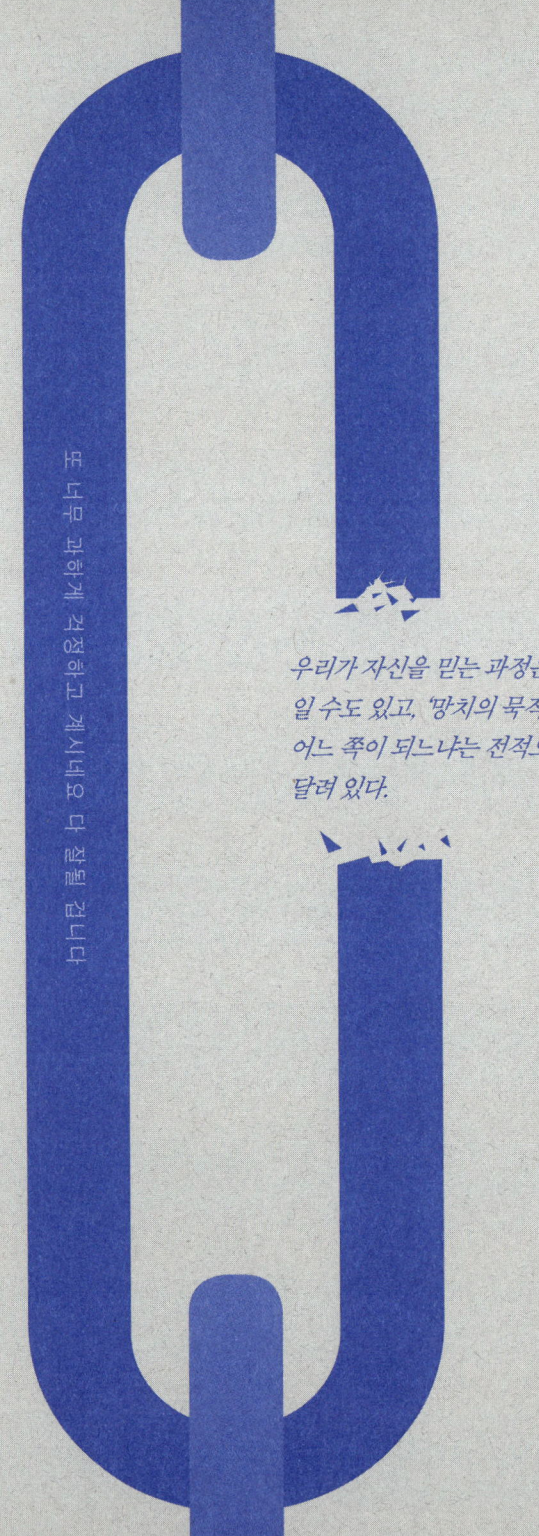

우리가 자신을 믿는 과정은 '깃털의 보드라운 어루만짐'
일 수도 있고, '망치의 묵직한 타격'일 수도 있다.
어느 쪽이 되느냐는 전적으로 당신의 마음가짐에
달려 있다.

걱정을 내려놓는 방법

어깨에 내려앉은 걱정이 너무나 익숙해 당연하다고 생각했다. 사실 어릴 땐 남들도 나와 같다고 여겨서 근심을 내려놓고 마음을 다뤄보려는 의지 자체가 없었다. 어른이 되고 사회생활을 하면서 내가 유독 생각이 많다는 걸 깨달았다. 처음엔 왜 나만 이럴까 속상했지만, 이제는 걱정을 내려놓는 방법을 찾는 '걱정 장인'이 되고자 노력한다.

배낭의 무게

배낭 하나가 있다. 안을 보니 반쯤 차 있다. 문제를 하나 내보겠다. 이 배낭의 무게는 얼마나 될까? 2킬로그램? 3킬로그램? 5킬로그램? 사실 나도 모른다. 중요한 건 배낭을 얼마나 오래 메고 있느냐다. 잠깐 메고 있다면 무게가 어떻든 상관없다. 하지만 10분만 메도 무게가 많이 느껴지고 한 시간 메고 있다면 어깨가 저려온다. 심지어 온종일 배낭을 메고 있어야 한다면 어떨까? 어깨가 마비되어 등까지 결릴 게 분명하다.

우리는 배낭을 얼마나 메고 있을까? 1분? 1시간? 24시간? 나는 대략 24시간 정도 메고 있다. 걱정이 밀려오면 잠자기 전까지 내려놓지 못한다. 잠이 들고 나서야 드디어 배낭을 벗는다. 그런데 가끔 꿈속에서도 수심 가득한 상황을 이어가기에 잠에서 깨어 출근해야 비로소 불안에서 해방된다. 아마도 '배낭 오래 메고 있기 대회'를 연다면 순위권에 들지 싶다.

배낭의 무게는 변하지 않지만 오래 메고 있을수록 무거워진다. 걱정도 똑같다. 잠깐만 생각할 땐 큰 문제가 벌어지지 않는다. 하지만 한 시간을 생각하면 점점 골치 아프기 시작하고 온종일 걱정에 사로잡혀 있다면 뇌가 마비된다. 그러니 당장 걱정이 들어 있는 배낭을 내려놓자.

사서 하는 걱정

미국 심리학자 어니 젤린스키는 《모르고 사는 즐거움》에서 걱정에 관한 통계를 제시했다. 절대로 일어날 리가 없는 일부터 우리가 바꿔놓을 수 있는 일까지 다양한 걱정이 통계에 포함되었다. 대략 96%의 걱정거리는 중요하지 않았다. 그냥 믿으면 마음이 편한데 나는 일단 이 통계가 맞을지 불안하다. 도대체 머릿속에 근심이 얼마나 가득 차 있으면 이럴까? 내 머릿속을 한번 살펴본다. 쓸모없는 생각에 번호를 단다.

1. 미용실 예약
주말에 가야 할지 평일 퇴근 후에 가야 할지 마음이 왔다 갔다 한다.
2. 피드백 기다림
이 책에 앞서 집필한 원고를 출판사에서 피드백을 안 해주니 불안하다.
3. 월요일 출근 스트레스
일요일 아침부터 월요일 업무 압박에 숨이 막힌다.
4. 메신저에서 답변 없는 친구
말실수를 한 건 없는지 자꾸 대화를 되짚어본다.
5. 전세 자금 대출
아직 1년 반이나 남았지만, 전세금을 올려달라고 하면 어떻게 해야 할지 고민이다.
6. 어제 취소한 카드 결제
물건을 사고 바로 취소했는데도 환불까지 7일이나 걸린다.

머릿속 생각을 나열해보니 마음을 써도 해결할 수 없는 일뿐이다. 밤새도록 고민해봤자 해결되지 않을 문제를 고민했다. '걱정해서 걱정이 없어지면 걱정이 없겠네'라는 말이 떠오른다. 걱정 중 절대 일어나지 않는 일이 40%나 된다. 일단 절대 일어나지 않을 문제를 찾아본다. 여섯 번째 걱정인 카드 결제 취소는 마음을 써도 7일 후에 환불되고 가만히 있어도 7일 후에 환불이다. 그래, 이 걱정부터 덜어내자.

걱정 던져버리기

미국에서 유행하는 독특한 놀이가 있다. 주문이 잘못된 아이스크림을 다른 사람 얼굴에 던지는 챌린지이다. 상당히 기분 나쁠 수 있는 장난을 아이스크림 가게 직원은 유쾌하게 받아준다.

우연히 알고리즘으로 이 챌린지를 봤을 때는 신기하고 재미있는 정도였다. 그런데 계속해서 뜨는 챌린지를 보고 있자니 '저 아이스크림처럼 걱정을 던지면 어떨까?' 하는 아이디어가 떠올랐다. 아이스크림을 걱정이라고 상상하자. 잘못 주문된 아이스크림을 시원하게 던져버리듯, 고민해도 소용없는 문제인 걸 깨달았을 때 즉각 던져버린다면 어떨까? 앞서 말했듯 걱정은 대부분 쓸모없다. 그러므로 근심이 생길 때 불필요한 잡생각을 일단 후련하게 던져버리자.

걱정은 실체가 없어 손으로 집어 던질 수 없으니 머릿속에서 던지는 시뮬레이션을 해본다. 걱정으로 떠오른 단어를 원색의 아이스크림으로 바꿔보자. 화가 나는 염려는 빨간색, 두려움이 앞서는 근심은 파란색이 좋겠다. 화려한 색의 아이스크림이 된 걱정을 콘에 얹은 후 최대한 멀리 던진다. 상상이니 어디에서든 '걱정 아이스크림'을 마구 던진다. 한눈에 서울 시내가 내려다보이는 빌딩 위에서 던지고, 파리 에펠탑 앞에서 던지고, 화를 내야 하는 상황에 소심하게 아무 말 못 하고 넘어간 그때 그 공간을 떠올리며 아이스크림을 던지는 상상을 한다. 마음에 드는 풍경을 상상한 후 어디에서든 걱정을 던진다.

미용실 예약? 우선 던져버린다. 어차피 머리는 언제든 자를 수 있고 가기 편한 시간이 나면 그때 예약하자.

전세 재계약? 근심이 생기는 순간 역시 던져버린다. 올려달라고 했을 때 여유가 되면 계속 살고 그렇지 않으면 다시 구하자. 혹시 집주인이 계속 살라고 해도 내가 안 살고 싶을지도 모르지 않는가. 그때 가서 생각하자.

답 없는 친구의 메신저? 생각해보니 대답을 안 해도 상관없는 내용이다.

이렇게 아이스크림 던지는 나를 상상하면서 힘차게 던지는 연습을 하다 보니 어느새 투수처럼 걱정이라는 공만 보이면 던지는 나를 발견했다.

그렇다면 걱정을 던질 때 몇 분 안에 던져야 할까? 참고로 야구에서는 투수가 공을 던지는 시간을 규정한다. 주자가 없을 때 15초, 주자가 있을 때는 20초 이내다. 그렇다면 수심이 올라올 때 몇 초 안에 던져야 이상적일까? 《세이노의 가르침》을 바이블 삼던 친구 ○는 10분이면 충분하다고 했다. 책에서 그리 말했기 때문이기도 하지만 자신이 직접 걱정이 생길 때마다 해보니 10분이 딱 적당했다고 한다.

○는 평범한 회사원으로 매번 같은 일이 반복되는 일정을 소화하면서도 걱정거리가 많았다. 그는 꼼꼼한 성격이라 담당 업무를 몇 번씩 확인하고 진행했다. 늘 자신이 실수했을까 보낸 메일을 확인하고, 거래처 담당자가 실수로 자신이 보낸 업무를 누락할지 염려했다. 거기에 그치지 않고 보일러는 외출 상태로 돌렸는지, 인덕션은 껐는지, 1년 넘게 남은 전세 보증금이 무사할지, 본가에 홀로 사는 어머니가 다치지 않으셨는지……. 사소한 일부터 벌어지지 않은 큰일까지 불안해하며 살았다.

걱정에 치여 살던 ○는 늘 변하고 싶어 했는데 책에서 만난 '세이노'가 그의 등을 밀어줬다. 고민해봐야 해결되지 않는 일, 불안해도 내 손을 떠난 일, 걱정은 딱 10분이라는 원칙을 지키며 ○는 일에 집중했다. 그렇게 몇 주가 지나니 고민 중 대부분이 의미 없었다는 걸 깨달았고, 몇 달이 지나니 자연스럽게 고민이 줄었다.

○는 어떤 문제든 10분 이상 생각하지 말라고 충고한 세이노 작가의 말을 충실히 따랐다. 세이노는 10분 넘게 하는 고민은 해결할 수 없는 문제라고 주장한다. 사람마다 다르겠지만 개인적으로도 고민이 길어지면 무겁게 느껴져서 10분이면 적당한 시간이라 여겨진다. 걱정이 10분을 넘기면 던져버리기로 정한다.

진짜 걱정은 볼링공 무게

'중요한 걱정까지 던져버리면 어떡할까?'

던지는 연습을 하다가 알아냈다. 중요한 걱정은 볼링공 같은 무게감이 느껴진다. 가볍지 않다. 던져도 쉽게 던져지지 않고 묵직하게 마음속으로 내려와서 다시 고민에 잠긴다. 우려가 필요한 문제에는 마음이 먼저 반응하는 게 아닐까?

지인이 암 판정을 받은 날, 그때는 머릿속이 복잡하다기보다는 마음 안에 걱정이 가득했다. 아무리 던져도 이 마음은 날아가지 않았다. 그래서 상황을 인정하고 지인이 좋아지기를 간절히 기도하는 시간을 가졌다. 이처럼 어떤 근심은 던질 수 없는 무게를 지녔다. 묵직한 걱정은 부드럽게 굴려서 언젠가 핀에 닿아 끝나길 기다리기로 하자.

하지만 일단 걱정을 구분하기 위해서 불안이 올라오면 무조건 던지자. 나는 집에 혼자 있을 때 야구 선수처럼 휙 던지는 동작을 따라 하며 움직인다. 공은 종이를 구겨서 만든다. 이렇게 던지면 신기하게 생각만 하던 때에 비해 훨씬 효과가 좋다. 오늘부터 밀려오는 생각을 저 멀리 던지는 투수로 변신해보자.

흰곰 효과 활용하기

잊으려 할수록 떠오르는 상황이 있다. 갓 실연당한 사람이라면 당연히 헤어진 연인이나 짝사랑했던 상대가 떠오르고, 주식으로 큰돈을 잃었다면 손해 본 금액이 자꾸만 생각난다. 생각하지 말라고 해도 떠오르는 생각을 멈출 수 없다. 그럴 땐 무조건 마음을 멈추라고 할 게 아니라 시선을 돌리는 방법을 찾아내자.

하지 말라면 더 하고 싶은 청개구리 심리

"여러분 지금부터 흰곰을 생각하지 마세요!"

자, 이제 무슨 생각이 떠오르는가? 흰곰이 떠오른다. 청개구리도 아닌데 우리는 왜 하지 말라고 하면 더 하는 걸까?

1987년, 이런 사고 흐름을 궁금해하던 사람이 있다. 하버드대학교에서 사회심리학을 연구하던 다니엘 웨그너 교수이다. 그는 대학생을 두 그룹으로 나누어 '하지 마라!'라는 억압이 우리 사고에 어떤 영향을 미치는지 실험했다. A 그룹에는 '흰곰을 생각하라'라고 지시했고, B 그룹에는 '흰곰을 생각하지 마라'라고 지시했다. 결과는 놀랍게 B 그룹이 A 그룹에 비해 흰곰을 더 많이 생각했다. 이 실험을 통해 사고를 억제할 때, 오히려 그것에 대한 반동으로 하지 말라는 생각에 사로잡히는 걸 발견했다. 이를 심리학 용어로 '흰곰 효과'라고 한다.

'청개구리 이야기'는 우리가 잘 아는 전래 동화이다. 동화 속 주인공인 새끼 청개구리는 어머니가 시키는 것은 뭐든지 반대로 한다. '개굴개굴'이라 울라고 하면, '굴개굴개'라고 울어대는 말썽꾸러기였다. 그래서 동화 속 이야기를 빗대어 반대로 행동하는 사람을 '청개구리'라고 부른다. 그렇다면 우리는 왜 청개구리처럼 반대로 굴고 싶을까?

머릿속에는 '욕구'와 '억제'가 탄 시소가 존재한다. 이 시소는 수평 상태다. 그런데 억제가 탄 쪽으로 시소가 기울어지면 어떻게 될까? 그러면 뇌는 다시 시소의 수평을 유지하기 위해 변화를 일으킨다. 예를 들면 다이어트를 위해 굶겠다고 결심하면 식욕을 억제한다. 그러면 오히려 반발 작용으로 폭식하고자 하는 강한 욕구가 생긴다. 이처럼 시소를 수평으로 맞추는 게 '항산성'이다. 균형을 맞추려는 항산성 덕분에 우리는 청개구리처럼 하지 말라고 하면 더 하고 싶은 마음이 생긴다.

흰곰과 코카콜라

걱정이 떠오를 때 어떻게 해야 할까? 억지로 하지 말라고 하면 흰곰이 떠오르고 그렇다고 그냥 있을 수도 없으니 참 문제다. 그럴 때 나는 이렇게 한다. 흰곰이 떠오를 땐 코카콜라를 생각한다. 왜냐하면 코카콜라의 광고 모델이 바로 하얀 북극곰이기 때문이다. 코카콜라가 북극곰을 내세워 겨울에 광고하는 이유는 계절과 어울리는 이미지를 찾았기 때문이다. 여름에는 더위와 어울리는 시원한 느낌이, 겨울에는 북극곰을 통해 추위에서도 맛있게 먹는 청량음료라는 이미지가 더해졌다.

이런 멋진 광고를 만든 사람은 켄 스튜어트이다. 그가 북극곰 아이디어를 떠올린 이유는 자신의 반려견 덕분이었다. 그는 1992년 LA의 사무실에서 아이디어를 구상하던 중 마땅한 아이디어가 떠오르지 않아 답답해했다. 그때 강아지 모건이 사무실로 뛰어 들어왔다. 그 순간 곰을 닮은 모건을 보고 북극곰이야말로 코카콜라의 시원하고 신선한 느낌을 살릴 마스코트라는 생각을 떠올렸다. 그렇게 북극곰을 광고 모델로 발탁했고 우리는 북극곰이 코카콜라를 시원하게 마시는 광고를 볼 수 있게 되었다.

그런데 뜬금없이 웬 코카콜라 이야기를 하는 걸까? 그런 생각이 들었다면 이 작전은 성공이다. 이제 다시 백곰을 생각해보자. 무엇이 떠오르는가? 코카콜라도 함께 떠오르지 않는가? 이처럼 어떤 특정 생각을 우회시키는 방법을 '초점 전환'이라 부른다. 실험에서는 코카콜라가 아닌 빨간색 폭스바겐을 떠올리라고 지시했다. 그 덕분에 백곰 생각은 사라지지 않았지만, 생각하는 빈도가 훨씬 줄었다고 한다. 이처럼 초점 전환은 떠오르는 걱정을 통제하는 방법 중 하나다.

흰곰 효과처럼 초점 전환하기

내가 '초점 전환'하는 방법은 다음과 같다. 나쁜 생각이 떠오를 때를 대비해 전환할 생각을 미리미리 준비한다. 가장 먼저 준비한 건 주기도문이다. 오랜 시간 교회를 다녔지만, 주기도문은 여전히 헷갈린다. 문장을 빼먹을 때도 있고 글자를 하나 바꿔서 할 때도 있고 아예 다음 절이 생각나지 않을 때도 간혹 있다. 그래서 초점 전환에 최적인 준비물이다. 각자에게 맞는 준비물이면 되니 불교 경전, 노래 가사, 수학 공식, 영어 단어, 소설, 시도 좋다. 걱정이 마음속에서 스멀스멀 올라올 때 자신만의 준비물을 마련하자.

일단 나는 머릿속으로 주기도문이 적힌 성경책을 펼쳐 한 줄 한 줄 문장을 따라가며 외운다. 그렇게 외우다 보면 집중하고 방금까지 올라오던 걱정이 무엇이었는지 잊는다.

초점 전환을 돕는 다른 준비물은 '책 쓰기'이다. 작가가 된 이후로는 매일매일 글을 쓴다. 걱정이 올라오면 바로 머릿속에서 글쓰기를 시작한다. 보통 어제 썼던 글을 떠올리거나 새로운 글감을 찾는다. 스마트폰이나 컴퓨터가 손 위에 있다면 브런치로 남긴 초고를 다시 열심히 읽는다. 다음에 어색한 부분이나 오탈자를 수정한다.

'걱정이 올라온다 = 책을 쓴다'라는 공식을 만드니, 집필도 재밌고 속도도 붙는다. 지금 이 글도 걱정이 올라올 때 찾아놓은 글감을 활용해 집필한 내용이다. 걱정 덕분에 책 쓰기 진도가 잘 나간다. 이유 없이 갑자기 드는 걱정에 이제는 감사할 지경이다.

자, 이제 준비물을 챙기자. 초점 전환할 재료는 자유다. 이왕 할 거

의미 있고 재밌는 걸로 준비하자. 갑자기 걱정이 올라오는 느낌이 든다? 배운 걸 실천할 때다. 머릿속에 준비물을 꺼낸다. 그리고 생각의 놀이터에서 즐겁게 놀다 보면 걱정은 가라앉는다.

나 자신을 믿기

한동안 뜨겁게 달궜던 키워드가 바로 '자존감'이다. TV, 책, SNS까지 스마트폰을 열어서 검색할 때 치일 만큼 많은 키워드였다. 자존감은 나 자신을 존중하는 마음이다. 천문학적인 액수가 들거나 천재적인 두뇌가 필요하지도 않은데, 왜 나를 믿는 일이 쉽지 않을까?

나를 파괴하는 '자기 의심'

2014년 5월 뉴햄프셔대학교 졸업식에 한 여성이 연단 위에 올라 졸업 축사를 전했다. 기세등등한 여성은 제니퍼 리. 월트 디즈니 애니메이션 스튜디오의 첫 여성 최고 크리에이티브 책임자이자 〈겨울왕국〉을 만든 세계적인 영화감독이자 시나리오 작가였다. 그녀는 유년 시절에 겪은 불행을 동력 삼아 지금의 자리까지 올라온 경험을 아낌없이 전했다. 그녀가 전한 연설 중 '자기 의심(Self-doubt)'에 관한 언사가 가장 기억에 남는다.

"제가 한 가지를 배웠다면 그것은 바로 자기 의심이 가장 파괴적인 힘 중 하나라는 것입니다. 자기 의심은 소모적이고 잔인합니다. 여러분 인생에서 자신을 의심하지 않았던 순간을 떠올려보세요. 창의적이고 영감이 가득하던 때를요."

그녀는 학창 시절 괴롭힘을 당할 때 온갖 역경 속에서도 인내하는 신데렐라를 보며 견뎠다고 한다. 신데렐라에게 위로받고 힘겨운 순간을 버텨낸 그녀는 다른 사람을 위로하는 이야기를 쓰기로 다짐한다. 멀게만 느껴지던 다짐을 현실로 만들 때 그녀에게 가장 힘이 된 행동은 자기 의심을 버린 일이다. 그 덕분에 창의적인 생각을 해내고 자신이 받은 상처를 토대로 삼아 '겨울왕국 안나' 캐릭터를 만든다. 그녀가 감독한 애니메이션 〈겨울왕국〉은 2013년 개봉작 중 가장 많은 매출을 올리며 전 세계 어린이들에게 꿈과 희망을 주었다.

'자기 의심'은 나에 대해 늘 의심하고 자신감이 부족한 상태다. 과거 경험, 사회적 압력, 내적 신념 등 다양한 요인에 의해 유발되는 부정적인 자기 대화 형태다. 이는 자기 능력에 대해 의문을 품고 부적절하거나 무능하다고 느낀다. 또 실패나 거절을 두려워하는 다양한 방식으로 나타난다.

자기 의심은 특수한 사람 몇몇만 겪는 문제가 아니라 많은 사람이 경험하는 문제다. 자신감 및 자존감 저하, 불안과 스트레스 증가, 도전과 기회 회피, 개인적 성장의 한계, 삶의 질 저하를 비롯해 많은 문제를 일으킨다. 거기에 위험을 감수하고 목표를 세우는 도전을 주저해 회피 행동으로 이어지게 만든다. 궁극적으로 개인이 지닌 잠재력을 최대한 발휘하지 못하고 불안과 걱정으로 자신을 가둔다.

심리학자 게이 헨드릭스는 자신을 향한 믿음에 관하여 말했다.

"우리가 자신을 믿는 과정은 '깃털의 보드라운 어루만짐'일 수도 있고, '망치의 묵직한 타격'일 수도 있다. 어느 쪽이 되느냐는 전적으로 당신의 마음가짐에 달려 있다."

나 자신을 믿지 않는다는 건 스스로 망치를 휘두르는 것이고, 나 자신을 믿는다는 건 마치 깃털로 어루만지듯 따뜻하고도 사랑스럽게 자신을 대하는 것이다. 우리는 타인의 시선에 사로잡혀 있지만, 그 무엇보다 중요한 것은 나 자신의 시선이다.

나 역시 자기 의심을 가져봤다. 나이가 들고 자신감 연습을 하면서 많이 나아졌지만, 어릴 적에는 '난 안돼', '난 못할 거야', '난 부족해'를 입에 달고 살았다. 객관적으로 자신을 평가하기가 어려웠다. 칭찬을 들어도 그저 인사치레나 비웃음이라고 느껴졌던 때도 있었는데, 그때는 훌륭한 경험을 할 수 있는 기회를 자주 놓쳤다.

가면 증후군

자기 의심에서 헤어 나오지 못하면 '가면 증후군'에 걸릴 확률이 높다. 남들이 생각하는 만큼 자신이 뛰어나지 못하다고 여기면 불안감을 느낀다. 언젠가는 자신의 하찮은 모습을 사람들이 알아차린다는 불안에 시달린다.

나도 가면 증후군을 겪고 있다. 현재 내 직업도, 작가로서도 늘 부족하다고 느낀다. 소유한 능력 덕분이 아니라 그저 운이 좋아서 이 위치에 올라왔다는 생각에 사로잡힌다. 때로는 누군가에게 내가 숨겨둔 무능함을 들킬 것 같은 공포가 생긴다.

쌓아놓은 명예가 많고 명성이 높을수록 가면 증후군에 더 취약한 면을 보인다. 알베르트 아인슈타인은 어느 날 친구에게 실토했다.

"내가 받는 과장된 존경이 나를 아주 불편하게 해. 본의 아니게 사기꾼의 가면을 쓰고 있다는 생각이 들어."

위인으로 평가받는 인물은 물론 유명인도 가면 증후군을 경험했다고 고백한다. 페이스북 최고 운영 책임자 셰릴 샌드버그, 할리우드 배우 나탈리 포트만도 이런 경험을 겪었다고 알렸다. 사회적으로 존경받는 위치에 도달해서도 끊임없이 '이게 나의 참모습이 아니야', '언제 가면이 벗겨질지 모르겠네'와 같은 다양한 망상으로 괴로움에 시달렸다.

자기 의심 극복하기

자기 의심을 극복하기 위해서는 어떻게 해야 할까? 나는 주변에서 아무리 잘하고 있다고 말해줘도 늘 역량이 부족하다고 느꼈기에 자기 의심을 극복하기 위해 많은 책을 읽었다. 그리고 직접 책에 나온 내용을 실천했다. 그중에서 유독 자기 의심을 극복하는 데 도움을 주었던 책이 있다. 연구회의 저서 《자기 의심 극복하기》다. 자기 의심을 극복하는 방법을 자세히 알려줘서 직접 실천하고 효과를 극대화하는 방법을 찾아냈다.

자기 의심을 많이 떨쳐낸 나에게, 친구 I는 어떻게 변하게 되었는지 물었다.

"요즘 들어 그거 안 묻더라?"

"뭐?"

"잘하고 있냐고 묻는 거. 아무리 네가 쓴 책이 좋다고 말해도 안 믿고 또 묻고 또 묻고 그랬잖아."

"요즘 자기 의심 덜기 연습 중이거든."

"그게 뭔데?"

"내 장점을 파악하고 실패와 두려움을 극복해서 자기 의심을 이겨내는 훈련이야. 열 가지 방법이 있는데 들어볼래?"

"열 가지는 좀 많고 다섯 가지 정도로 줄여주면 안 돼? 승진한 뒤로 자꾸 실수해서 나도 요즘 자기 의심이 좀 많아."

잠시 생각하다 그동안 자주 쓰던 다섯 가지 방법을 소개했다.

"첫 번째는 지금 내 상황을 객관적으로 보기 위해서 증거를 찾는 거야. 자기 의심이란 게 내가 이룬 성취가 커질수록 많아지거든. 네가 요즘 유독 자기 의심이 많아진 건 승진해서 자리가 바뀌었기 때문이겠지? 새로운 일을 시작하면 자기 의심이 들거든. 물론 늘 하던 일인데 컨디션에 따라서 갑자기 의심이 들기도 해. 주변 사람들은 아무도 발견하지 못한 나의 작은 실수나 단점에 사로잡히는 거지. 그럴 땐 상황을 객관적으로 봐. CSI가 증거조사를 하듯 하나하나 객관적으로 살펴보면 의외로 증거는 내가 일을 제대로 하고 있다는 쪽을 가리키거든. 그러면 더 큰 자신감을 생길 거야."

"하긴 나도 그래. 남은 모르는 내 실수가 너무 잘 보여. 그냥 별거 아닌 것도 크게 느껴지고."

"그러니까. 의외로 그런 사람이 많을걸? 알고 보면 약점은 아주 적고 장점이 훨씬 많은데, 부정적인 생각에 사로잡혀서 단점만 보는 거지. 그래서 내가 이룬 성취나 장점을 객관적으로 파악하고 알아둬야 하는 거야."

I는 내 말에 고개를 끄덕였다. 하지만 표정에서 약간의 의심이 보였다. 다섯 가지로 자기 의심을 극복하는 방법이라면 다음엔 뭘 말해줘야 할까. 고민 끝에 두 번째 방법을 골랐다.

"두 번째 방법은 스트레스와 불안을 줄이기 위해서 자기관리를 실천하는 거야. 물론 과도하게 할 필요는 없어. 다이어트처럼 압박감을 느낄 필요도 없고. 그저 생존을 위해서 하루에 딱 십 분만 움직이자는 마음으로 자기관리를 하는 거야. 그 대신 같은 시간에 규칙적으로 움직여야 해. 십 분이라는 짧은 시간이니까 어떤 상황에서도 가능하지? 되도록 아침에 움직이는 게 좋아. 아침에 몸을 움직이면 기초대사량이 올라가."

"그렇지 않아도 몸이 무거워서 걷는 게 힘들던데. 하루 십 분 정도라면 꾸준히 할 수 있겠다."

"아무래도 우리 같은 직장인은 긴 시간을 내기가 힘들잖아. 걸어서 이십 분 정도 거리를 버스로 출퇴근했다면 걸어서 다니는 걸로 바꿔도 좋고, 버스를 타고 앉아서 가던 걸 지하철을 타고 서서 가도 좋지. 현실적으로 가능한 목표를 세우는 거야. 실천 가능한 목표를 설정하고 그걸 지켜나가면 자신감이 붙고 나에 대한 믿음도 늘어날걸."

"생각보다 쉽다. 그런 일로 믿음이 생긴다고? 오늘 당장 해봐야겠다."

친구 얼굴에 드러난 표정을 보니 마음이 열리는 게 보였다.

"세 번째 방법은 목표한 하루 한 번 운동 약속을 지키지 못하는 날이 있더라도 그럴 수 있다는 마음으로 나를 보듬어주는 거야."

"야, 그게 뭐야? 규칙적으로 하라며."

"규칙도 중요하고 꾸준한 실천도 중요하지만 지키지 못했을 때 포용하는 마음도 중요해. 어떻게 매일 하루 한 번을 지키며 운동하겠어? 여행도 가고, 어떤 날은 늦잠을 자기도 하니까. 그러니까 어쩌다 하루는 좀 봐줘. 너 스스로에게 너무 야박하게 굴지 말라고."

친구가 고개를 끄덕였다.

"내가 좀 그런 면이 있지."

"실패가 두려워서 시작도 못 하면 억울하잖아."

"하루 한 번 하는 운동에 뭘 거창하게 실패까지."

I가 웃으며 대답했다. 늘 열심히 달리는 그를 위해 최대한 가볍게 응원을 전했다.

"친구야 그 마음 아주 좋다. 다른 일도 그렇게 좀 생각해. 새롭게 도전하는 일이나 회사에서 하는 일에 실패했을 때도 그런 마음을 가져. 실패를 거창하게 생각할 필요는 없어. 다시 하면 될 뿐이잖아. 그런 마음이라면 성장 마인드가 커질걸."

"성장 마인드라. 그 말 멋있다."

이쯤이면 조금 어려운 말도 친구가 들을 준비가 되어 보여서 심리학 이론이 등장하는 방법을 꺼냈다.

"너 혹시 심리학에 관심이 있니?"

"심리학? 당연히 관심이 없지. 그런 건 그냥 너한테 물어보는 게 다야."

"네 번째 방법은 '지금 여기'라는 기법이야. 과거나 미래를 현재로 끌어오지 않고 지금 이 순간에 집중하는 거야. 너의 성장에 집중하고 미래나 과거의 일을 끌어오지 마. 너에게만 집중하는 시간을 가져보는 거야. 막막하다고 아무것도 안 하고 있을 순 없잖아. 지금 가능한 일을 하나씩 해가면 걱정에 휩싸여서 놓친 부분이 보이고 해낼 수 있는 일도 늘어날걸."

"맞아. 힘들 때 당장 손에 닿는 일을 하면 어느새 힘든 순간이 지나더라고."

"지금 네가 한 말이 마지막 방법이야! 힘들고 두려워도 해야 할 일을 하는 것. 생각만 하고 무서워서 손도 못 댄 일이 있잖아. 그런 일도 그냥 시작하는 거야. 내가 할 수 있을까? 의심이 생겨서 못 하는 일이 의외로 많이 있잖아. 주변 사람은 너를 응원하는데, 그 상황에서 나만 나를 의심하는 게 좀 웃기지. 일단 해봐야 뭐라도 될 거 아니야."

"시작이 없으면 결과도 없긴 해. 그래도 나는 새로운 일을 할 때 너무 두려워."

모두가 첫발을 내디딜 땐 두려움을 느낀다. 자기 의심을 관리하고 있다고 해도 나도 여전히 새로운 일을 시작할 땐 두렵다.

"그건 당연한 거야. 누구나 그럴걸. 실패에 대한 두려움이 자기 의심의 흔한 근본 원인이래. 두려움 때문에 막막하고 뭐든 하기 싫어지니까. 아, 너 그거 알아? 가능성 있는 상태에 중독된다는 말?"

"가능성에 중독된다니 무슨 말이야?"

"실패가 무서우니까 도전을 못 하고, 내가 시작만 하면 잘될 수 있어! 이러면서 가능성에 중독된다는 거야."

"뭔지 알겠다. 나도 그럴 때 있어."

"하지만 가능성은 실천해야 확인이 되지. 실패했을 때 자괴감이 들겠지. 그 대신 그 실패로 배우면 되는 거야. 그러니까 지금 당장 미뤄뒀던 일을 실행하면서 자기 의심을 극복하자."

5초 만에 걱정에서 벗어나기

5초라는 짧은 시간에 걱정에서 벗어나는 방법이 있다면 믿겠는가? 미국의 베스트셀러 작가 멜 로빈스는 자기 의심을 5초 만에 벗어나는 방법을 《5초의 법칙》을 통해 알려준다. 방법은 단순하다. 스트레스 상황에서 5부터 1까지 숫자를 거꾸로 센다. 그러고는 즉시 몸을 움직인다. 신기하게 5에서 1을 세면 전두엽 피질이 깨어나 육체를 움직인다.

하기 싫은 일로 잠깐 고민이 될 때 숫자를 거꾸로 세어보자. 예를 들면 일어나기 힘든 아침, 미뤄뒀던 청소를 할 때 숫자를 거꾸로 세며 억지로 몸을 일으킨다. 이런 간단한 행동만으로 일어나는 자신을 발견하게 될 것이다.

자기 의심을 떨쳐냈을 때 불안과 걱정은 줄어든다. 하지만 자기 의심을 버린다고 모두가 디즈니의 제니퍼 리처럼 성공을 맛보는 건 아니다. 자기를 믿어도 실패는 찾아온다. 그러나 삶을 두려워하지 않고 자기 의심 속에 빠져 삶을 의심하는 시간을 보내지 않으면 더 많은 목표를 이루고 건강한 하루를 살아낸다. 걱정과 불안은 잠시 접어두고 자신을 믿고 자신에 대한 주도권을 찾길 바란다. 자신의 삶을 최대치로 살아가는 길은 자기 의심에서 벗어나야 열린다.

친절하면 줄어드는 걱정

세상이 각박해졌다고 하지만 하루를 되짚어보면 누군가 베푸는 친절을 오늘도 한 번쯤 목격했다. 엘리베이터에서 열림 버튼을 눌러주는 일, 뒷사람을 위해서 출입문을 잡아주는 행동, 버스나 지하철에서 자리를 양보하는 모습 등 작은 친절은 여전히 살아 있다. 친절한 사람이 되면 행복감과 자신감이 늘어난다고 한다. 그러나 친절이 벌어지는 순간을 포착할 줄 모른다면 친절한 사람이 되려고 해도 어떻게 친절을 베풀어야 하는지 모른다. 친절이 주는 효과를 누리기 위해서는 일상 곳곳에 숨은 조그만 친절을 발견할 줄 아는 눈이 필요하다.

옳음과 친절함 중 하나를 선택한다면?

영화 〈원더〉에서 주인공 '어기 풀먼'은 장애를 가지고 태어났다. 안면기형인 눈, 코, 입이 정상적인 기능을 할 수 있도록 스물일곱 번의 수

술을 받는다. 어기는 헬멧으로 자기 모습을 숨긴 채 바깥세상과 단절하고 홈스쿨링을 이어간다. 어머니는 아들이 받을 상처가 걱정되지만, 더 큰 세상을 보여주기 위해 어기를 학교에 보낸다.

어기가 등교한 첫날, 담임 선생님은 학생들에게 격언 같은 말을 남긴다.

"옳음과 친절함 중 하나를 선택할 땐 친절함을 선택하렴."

친절한 담임 선생님의 배려에도 자신을 향한 아이들의 시선에 어기는 상처를 받는다. 흉터 가득한 남다른 외모를 지닌 어기는 타인이 자신을 바라만 보아도 위축됐다. 하지만 용기를 내어 친구들에게 한 발짝 다가가고 그런 모습에 주변 사람이 어기에게 친절을 베풀기 시작한다.

친구들의 따뜻한 마음을 느끼며 어기는 다른 사람보다 나에게 더 친절해야 한다는 사실을 깨닫는다.

"성형수술 생각해본 적 있어?"

단짝 친구 잭이 한 질문에 주인공 어기는 이렇게 받아친다.

"이거 성형 수술받은 얼굴이야. 여러 번 해서 그나마 이 정도로 괜찮게 나온 거라고."

상처를 유머로 승화해 대수롭지 않게 넘기는 여유가 어기에게 생겼다는 걸 보여주는 장면이었다. 어기의 성장에 필요한 발판이 된 것은 학교에서 경험한 작은 친절이었다.

친절은 누군가의 세계를 바꿀 정도로 강력한 힘을 지녔다. 영화 〈원더〉에서 말하는 친절이 현대 사회를 살아가는 우리에게 가장 중요한 덕목이 아닐까.

친절이 건강에 좋은 이유

미국 태생의 소설가이자 문학 평론가인 헨리 제임스는 말했다.

"인생에서 중요한 세 가지는 첫째도 친절, 둘째도 친절, 셋째도 친절이다."

친절의 중요성을 말하는 속담이나 명언이 많다. 기분 좋아지는 효과 외에도 친절이 삶을 직접적으로 변화시킬 수 있을까? 친절한 태도로 지내면 인간관계를 건강하게 유지하고 업무에서 긍정적인 성과를 낸다고 전해진다. 신문 기사에서 친절과 관련된 연구 결과를 보기도 했지만 작은 친절만으로 삶의 질이 올라간다는 게 믿어지지 않았다. 그때 친구 E가 나타났다.

친구 E는 무뚝뚝해서 오해를 사는 타입이다. 작은 친절도 낯간지럽다며 베풀지 못했다. 그런 그가 갑자기 친절한 사람으로 거듭나고 싶다고 했을 땐 의아했다. 내가 집요하게 이유를 묻자, 모태 솔로를 탈출하기 위해서라고 말했다.

그는 감기 걸리지 않도록 따뜻하게 입으라고 말하면 되는 것을, "네가 입은 거적때기는 뭐냐?"라며 퉁명스럽게 말하는 타입이었다. 나는 그에게 친절한 사람이 되는 작은 매너 두 가지를 알려줬다. 감사 인사와 뒷사람을 위해 출입문을 잡아주는 행동이었다. 얼굴을 붉히며 아주 작은 목소리로 감사를 말하고 새빨갛게 달아오른 얼굴로 뒷사람을 위해 문을 잡아주던 E는 서서히 변해갔다.

두 가지 행동을 알려줬을 뿐인데 E는 매우 부드러워졌다. 전보다 잘 웃었고 타인이 하는 말을 열심히 들었다. 회사에서 자주 부딪치던 여자 선배와도 사이가 괜찮아졌다고 했다. 그렇게 반년이 지나고 그에게 여자 친구가 생겼다.

어떤 사람과 만나게 됐냐는 나에게 그는 쭈뼛거리며 회사 사람이라고 말했다. 불현듯 E의 여자 선배가 떠올라 설마 그분이냐고 물었다. 세상에, 정답이었다. 친절해지려고 했던 이유도 자신이 말만 하면 선배에게 상처를 주는 걸 깨달아서라고 뒤늦게 밝혔다. 좋아하는 사람에게 오해받지 않으려고 친절해졌을 뿐인데 사랑까지 얻어내다니. 친절이 주는 효과는 내 상상을 뛰어넘었다.

염증과 알레르기에 영향을 미치는 코르티솔은 스트레스 호르몬이라 불린다. 코르티솔이 과다 분비되면 다양한 질환을 일으킨다. 이런 코르티솔 분비를 줄이는 간단한 방법이 친절이다. 친절을 베푸는 사람은 '스트레스 호르몬'으로 불리는 '코르티솔' 수치가 평균적인 사람들보다 23% 낮다는 연구 결과가 공개됐다. 이 호르몬은 스트레스 지수가 높을 때 우리 신체 기관 중 콩팥의 부신에서 분비되는 호르몬으로, 고혈압과 고혈당을 초래한다. 친절함은 '텔로미어'라는 DNA의 감소 속도를 느리게 만들어 노화를 늦춘다는 연구 결과도 발표되었다.

친절함은 스트레스 지수도 낮추고, 인간관계도 개선하며, 불안감을 낮춰 걱정을 부추기는 환경을 줄인다.

나 자신에게 친절하기

친절이 주는 이점이 무엇인지 직접 실천하며 느껴보기로 했다. 친구 E처럼 좋은 결과가 있지 않을지 내심 기대가 되었다.

'일주일을 친절한 사람으로 살아보자.'

굳은 다짐과 함께 포스트잇에 '친절 목록'을 작성해 모니터에 붙여 놓았다. 실천할 수 있는 작은 친절을 정리하니, 네 가지였다.

KEY POINT

- 회사에서 친절하게 말하기
- 떨어진 쓰레기 줍기
- 도움이 필요한 사람에게 먼저 다가가기
- 나에게 친절하기

일주일 동안 친절을 실천하며 큰 변화를 기대했다. 결과는 약간 실망스러웠다. 극적인 변화가 나타나지 않았다. 회사에서 친절하게 말했지만 아무도 눈치채지 못했고, 떨어진 쓰레기는 의외로 많아서 주워도, 주워도 계속 보였다. 지하철에서 길을 헤매는 사람을 발견해 도움을 줬지만, 고맙다는 인사는 돌아오지 않았다. 친절하면 스트레스가 덜 쌓이는 게 맞는지 의문이 들었다.

그러다 내가 생각한 친절의 방향이 남을 향해 있다는 걸 알아차렸다. 친절이 주는 효과를 말하는 연구를 보면 친절을 베풀면서 '나의 기분이 좋아진다'였는데, 친절을 베풀면서 '상대방의 기분'을 확인한 후 그 반응에 따라 내 기분을 결정지었다. 상대방이 내가 행한 친절을 눈치채지 못해도 친절을 베풀며 선한 행동을 했다는 만족감을 느낀다면 그걸로 됐는데 말이다. 친절을 베풀며 알게 된 장점은 지금 느끼는 감정을 상대방에게 의탁하지 않고 나를 중심으로 느끼는 방법이었다. 또 그동안 스쳐 지나갔던 타인의 친절을 발견하는 눈이 생겼다.

  타인에게 집중했던 감정을 나에게 돌리면서, 타인을 신경 쓰느라 정작 나에게는 친절하지 못했다는 사실을 알아차렸다. 그렇다면 친절하게 자기 자신을 대하는 행동은 뭘까? 생각해보면 남에게는 친절을 베풀면서도 나에겐 엄격할 때가 많았다. 지금보다 더 공부해야 하고, 더 성공해야 하고, 더 착한 사람이 되어야 한다고 자신을 단속했다. 일주일 동안 친절한 사람으로 살아본 결과 예상했던 효과는 미미했다. 그러나 감정의 방향을 나에게 맞추고 남을 대하기에 앞서 자신에게 친절을 베풀어야 한다는 사실을 깨달았다는 것만으로 충분하다고 여겨진다. 하는 일마다 더 잘했어야 한다고 나를 몰아붙이지 않고 그만큼 해낸 게 대단하다고 말해주는 친절함을 배웠다.

  친절은 우리에게 걱정보다 더 나은 미래를 기대하게 해준다. 대문호 톨스토이는 친절이 세상을 아름답게 하고 암담함을 즐거움으로 바꾼다고 말했다. 친절한 행동이 주는 힘을 받아들이고 우리 자신과 주변 사람을 위해 노력해보는 건 어떤가. 작은 친절만으로도 더 나은 세상이 만들어질 것이다.

일상 속 휴식 찾기, 오도리바 기법

너무 바쁜 하루를 살다 보면 가끔은 문득 멈춰 서고 싶을 때가 있다. 끝없이 이어지는 업무와 걱정에 지쳐 숨이 막힐 것 같은 느낌, 한 번쯤은 경험해보았을 것이다. 더 높이, 더 빨리 오르라고 요구하는 사회 속에서 우리는 계단을 쉼 없이 오르는 사람들과 같다. 그런데 높은 계단을 오를 때 중간에 잠시 숨을 고를 수 있는 '층계참'이 있다면 어떨까? 그 짧은 휴식이 다음 계단을 오를 힘을 준다는 것을 우리는 알고 있다.

이번 장에서는 우리의 분주한 일상에 작은 휴식의 공간을 만들어 걱정을 덜어내는 방법을 소개한다. 일본에서 온 '오도리바' 개념을 통해 우리 삶에 필요한 의도적인 쉼표를 찾아보자.

오도리바, 삶 속 층계참의 의미

'오도리바(踊り場)'는 원래 계단 중간에 있는 '층계참'을 의미한다. 건

축 용어에 불과했던 이 말은 일상 속에서 잠시 멈추고 즐거움을 찾는 순간 또는 삶의 전환점에서 잠시 숨을 고르는 시간을 의미하는 은유로 널리 사용되고 있다.

나 역시 이 개념을 알기 전까지는 쉼 없이 달려왔다. 회사에서는 끊임없이 코드를 작성하고, 퇴근 후에는 원고를 쓰는 생활이 계속되었다. 삶을 글쓰기로 가득 채우다 보니 어느 순간 심한 번아웃에 빠졌다. 컴퓨터 앞에 앉아 있어도 손가락이 움직이지 않았고, 걱정과 불안만 커져갔다.

그때 일본 문화에 관한 책에서 오도리바 개념을 접하게 되었다. 언제나 위로 향하는 계단만 있는 게 아니라, 가끔은 멈춰 서서 주변을 둘러볼 수 있는 층계참도 필요하다는 단순한 비유가 깊은 울림을 주었다. 그날부터 나는 의도적으로 내 일상에 작은 층계참들을 만들기 시작했다.

멈춤이 주는 힘

계단을 오르다 보면 층계참에서 잠시 멈추어 숨을 고르고 다음 계단을 올라갈 힘을 얻는다. 이처럼 오도리바 철학은 끊임없이 앞으로 나아가는 것보다, 때로는 멈추고 현재를 즐기는 것이 더 멀리 갈 수 있는 방법임을 강조한다.

일본의 시간 철학은 서구의 선형적 시간관과는 다르다. 서구에서 시간은 과거에서 미래로 흐르는 직선으로 여겨지지만, 일본에서는 시간을 순환적이고 층층이 쌓이는 개념으로 본다. 이런 관점에서 '멈춤'은 시간의 낭비가 아니라, 더 깊은 이해와 통찰을 얻는 귀중한 순간이 된다.

현대 신경과학 연구에서도 이 철학을 뒷받침하는 증거가 발견된다. 2001년 미국의 마커스 레이클 교수가 제안한, 휴식을 취하는 동안 뇌의 '디폴트 모드 네트워크(Default Mode Network)'가 활성화되어 창의성과 문제해결 능력이 향상된다고 한다. 즉, 아무것도 하지 않는 것처럼 보이는 순간에도 우리 뇌는 중요한 작업을 수행하고 있는 것이다.

회사원 P의 사례는 이 개념을 잘 보여준다. 심한 업무 스트레스로 불안 증세를 겪던 그는 오도리바 개념에 매료되어 자신만의 층계참을 찾았다. 바로 사무실 8층에서 화장실이 있는 7층으로 내려가는 계단이었다. 그는 이 계단을 오르내릴 때 의식적으로 발걸음을 느리게 하고, 계단 중간 층계참에서 10초간 정지하여 깊은 호흡을 했다. 이 짧은 의식이 그의 하루를 완전히 바꿨다. "마치 계단 중간에서 잠시 멈추는 것처럼, 삶도 중간중간 멈추어 쉬어 가야 한다는 것을 깨달았어요"라고 그는 말했다.

일상에 오도리바 만들기

현대 사회에서 오도리바 철학을 실천하는 방법은 다양하다. 일본에서 내가 배운 혹은 개발한 세 가지 실용적인 방법을 소개한다. 이 방법들은 단 5분만으로도 우리의 마음에 작은 쉼표를 만들 수 있다.

첫째, 보케토 타임

'보케토(ボケっと)'는 '멍하니 있다'는 뜻이다. 그래서 이 뜻의 일본어를 접목해 보케토 타임이라는 스트레스 해소법을 제안한다. 하루에 5분, 의도적으로 아무것도 하지 않고 창밖을 바라보거나 천장을 응시하는 시간을 가진다. 이렇게 의식적으로 멍때리는 시간은 뇌에 휴식을 주고 창의성을 높인다.

나는 매일 점심 식사 후 5분간 의자에 앉아 커피 한 잔을 들고 창밖만 바라본다. 처음에는 이 시간이 답답하게 느껴졌다. 스마트폰을 보지 않고, 아무 생각도 하지 않으려고 노력하는 것이 오히려 스트레스였다. 하지만 2주쯤 지나자, 이 '보케토 타임'이 하루 중 가장 기다려지는 순간이 되었다. 걱정에 시달릴 때일수록 마음을 비우는 이 시간이 더욱 중요하다.

도호쿠대학교 연구소의 연구에 따르면, '멍때리기'처럼 아무 생각 없이 휴식을 취할 때는 특정 생각에 집중할 때보다 뇌 혈류의 흐름이 원활해지고, 아이디어도 더 신속하게 떠오르는 것으로 확인되었다. 이는 보케토 타임(멍때리기 시간)이 단순한 게으름이 아니라 뇌에 필요한 중요한 휴식 과정임을 과학적으로 뒷받침한다.

다만 멍때리기를 지나치게 오래 하거나 너무 자주 하면 오히려 뇌세포 노화가 촉진될 수 있다는 연구 결과도 있다. 따라서 적절한 균형이 중요하며, 전문가들은 하루에 1~2회, 한 번에 약 15분 정도 의식적인 멍때리기 시간을 갖는 것이 가장 효과적이라고 권장한다. 이렇게 적절한 시간을 두고 실천하면 뇌의 창의성과 회복력을 동시에 높일 수 있다.

둘째, 이키

'이키(粹)'는 일본 에도 시대부터 이어온 미학 개념으로, 세련된 단순함을 의미한다. 화려함보다는 절제된 아름다움, 과함보다는 적절함을 추구하는 이 개념은 현대 사회의 과잉에 지친 우리에게 중요한 메시지를 전한다.

책상 위 물건 하나를 5분 동안 정성스럽게 정리하거나, 차 한 잔을 정성스럽게 준비하는 등 일상 속 작은 의식을 만들어보자. 이런 단순한 행위에 온전히 집중하면 복잡한 생각들이 자연스럽게 정리되고, 걱정이 줄어드는 효과가 있다.

디자이너로 일하는 J는 매일 아침 출근 전 티백 하나로 차를 우려내는 시간을 가진다. 물이 끓는 소리를 듣고, 차가 우러나는 색의 변화를 관찰하고, 첫 모금의 향과 맛에 집중하는 5분이 하루의 시작을 완전히 바꿨다고 한다.

"그 오 분 동안은 오직 지금 이 순간만 존재해요. 머릿속 걱정들이 잠시 멈추는 느낌이죠."

셋째, 오하코

'오하코(十八番)'는 '특기'를 의미한다. 자신이 가장 잘하고 즐거움을 느끼는 작은 일을 찾아 매일 5분씩 실천해보자. 종이접기, 글씨 쓰기, 스케치 등 작은 성취감을 주는 활동이면 좋다.

나의 '오하코'는 펜글씨 쓰기다. 매일 저녁 5분 동안 그날 들었던 인상적인 문장 하나를 정성스럽게 필기한다. 이 짧은 시간은 마치 명상과도 같아서, 하루 동안 쌓인 스트레스와 걱정이 펜 끝에서 흘러 나가는 느낌이다. 우리 모두에게는 이런 '특기'가 있으며, 이것에 집중하는 시간은 강력한 정신적 휴식이 된다.

일상에 적용하는 한국적 오도리바

일본에서 비롯된 오도리바 개념이지만, 우리 한국의 문화와 일상에도 자연스럽게 접목할 방법이 있다. 한국인의 정서에 맞는 세 가지 방법을 제안한다.

첫째, 찻잔 명상하기
한국은 오랜 차 문화를 가진 나라다. 전통적으로 차를 마시는 행위는 단순한 음료 섭취가 아니라, 자연과 인간의 조화를 느끼는 정신적 수행이었다. 현대 사회에서는 이런 전통이 많이 잊혔지만, 우리는 일상에서 이를 되살릴 수 있다.

커피나 차를 마실 때 보통은 무심코 마시거나 일하면서 마시는 경우가 많다. 하지만 단 5분만 온전히 차에 집중해보자. 따뜻한 찻잔을 손으로 감싸고, 차의 색깔과 향을 관찰한다. 한 모금 마실 때 입안에서 느껴지는 온도와 맛에 집중한다. 이 단순한 행위가 마음을 현재로 데려와 걱정을 내려놓게 한다.

바쁜 일상에서도 잠시 숨을 고르며 차 한 잔을 마시는 것은 우리 문화에 이미 깊이 뿌리내린 '오도리바'라고 할 수 있다.

둘째, 반찬 감사 의식 갖기

한국 음식 문화의 큰 특징 중 하나는 다양한 반찬이다. 한 끼 식사에도 여러 반찬이 함께 나오는 문화는 세계적으로도 독특하다. 이 특성을 활용해 식사 시간을 유의미한 오도리바로 만들 수 있다.

식사 시작 전 반찬 하나하나가 어떻게 만들어졌는지, 누가 준비했는지 5분간 생각해본다. 반찬 하나를 선택해 맛과 색, 질감을 천천히 음미하며 먹는다. 이런 작은 감사 의식이 현재 순간에 집중하게 해주며, 걱정과 스트레스를 잠시 내려놓는 데 도움 된다.

어머니가 해주신 반찬을 먹으며 그 정성에 감사하거나, 식당의 반찬을 통해 요리사의 노력을 생각하는 순간은 일상 속 작은 명상이 된다.

셋째, 사계절 창문 명상하기

한국은 사계절이 뚜렷한 나라다. 봄의 꽃, 여름의 녹음, 가을의 단풍, 겨울의 눈은 창밖 풍경을 계절마다 완전히 다른 그림으로 바꾼다. 이 자연의 변화를 관찰하는 것은 현재에 집중하는 좋은 방법이다.

하루에 5분, 창밖 풍경을 관찰하는 시간을 가진다. 봄에는 새싹이, 여름에는 짙은 녹음이, 가을에는 단풍이, 겨울에는 눈이 주는 변화를 관찰한다. 이때 단순히 보는 것에 그치지 말고, '저 나무는 어떤 변화가 있을까?'와 같은 호기심을 가지고 관찰한다. 자연의 변화에 집중하는 동안 걱정은 자연스럽게 잊히게 된다.

또한 우리 선조들은 '풍류'를 중시했다. 자연 속에서 시를 짓고 술을 마시며 인생을 즐기는 전통은, 현대적 의미에서 오도리바를 추구한 것이라 볼 수 있다. 바쁜 일상에서도 잠시 창밖을 바라보며 자연의 변화를 느끼는 것은 한국적 오도리바의 좋은 예다.

오도리바의 진정한 가치

층계참이 계단을 오르는 여정에서 휴식과 전환의 공간이듯, 우리 삶에서도 이런 오도리바를 의식적으로 만들어야 한다. 걱정과 불안으로 가득 찬 하루 속에서, 이런 작은 쉼표들이 있다면 삶의 균형을 유지하고 더 멀리 나아갈 수 있을 것이다.

오도리바의 진정한 가치는 단순한 휴식 그 이상에 있다. 그것은 우리의 삶을 바라보는 시각을 바꾸는 철학적 전환점이다. 끊임없이 목표만을 향해 달려가는 삶이 아니라, 과정 자체를 즐기고 매 순간의 가치를 발견하는 삶의 방식을 제안한다.

걱정이 많은 이들에게 오도리바는 특별한 의미를 갖는다. 걱정은 주로 과거나 미래에 대한 생각에서 비롯되지만, 오도리바는 우리를 현재로 데려온다. 현재에 머무는 시간이 늘어날수록, 걱정이 차지하는 마음의 공간은 자연스럽게 줄어든다.

오도리바 철학을 실천하면서 가장 놀라운 발견은, 멈추는 시간이 결코 시간의 낭비가 아니라는 점이다. 오히려 더 효율적으로, 더 의미 있게 나아갈 힘을 주는 시간이다. 마치 계단을 오를 때 층계참에서 잠시 쉬는 것이 더 높이 오를 수 있게 하는 것처럼.

당신의 하루에 작은 오도리바를 만들어보자. 그 짧은 순간이 당신의 걱정을 덜어내고, 삶의 여정을 더 풍요롭게 해줄 것이다.

틈새 시간을 활용한 마이크로 명상

하루 24시간이 모자란다고 느끼는 현대인들에게 명상을 위한 별도의 시간을 내라고 하면 대부분 고개를 저을 것이다. 심지어 명상이라는 단어 자체가 부담스럽게 느껴지는 사람도 많다. 하지만 명상이 꼭 요가 매트 위에서 다리를 꼬고 앉아 '옴'을 외우는 것만을 의미하지는 않는다. 우리의 일상은 의외로 명상할 수 있는 틈새 시간으로 가득 차 있다. 특히 출퇴근 시간은 하루 중 상당 부분을 차지하는 시간으로, 이를 단순한 이동 시간이 아닌 마음을 돌보는 소중한 기회로 바꿀 수 있다.

출퇴근길, 걱정의 연속에서 명상의 시간으로

매일 반복되는 출퇴근길은 때로 답답하고 지루하게 느껴진다. 특히 출근길에는 앞으로 닥칠 업무에 대한 걱정으로, 퇴근길에는 미처 끝내지 못한 일에 대한 후회로 마음이 무거워지기 쉽다. 그러나 이 시간은 역설적으로 주변 환경에 방해받지 않고 나만의 세계에 빠질 수 있는 소중한 기회이기도 하다.

내 경우에는 과거 서울에서 파주까지 버스로 1시간을 넘게 이동하는 긴 출퇴근 시간이 있었다. 처음에는 이 시간이 하루 중 가장 힘든 시간이었다. 특히 불안과 걱정이 많았던 나에게는 아무것도 할 수 없이 가만히 앉아서 이동하는 시간이 견디기 어려웠다. 스마트폰으로 계속 뉴스를 확인하거나 SNS를 들여다보는 것이 유일한 탈출구였다.

그러다 우연히 '마인드풀니스(mindfulness)' 명상에 관한 기사를 읽게 되었고, 출퇴근 시간을 활용해서 '마이크로 명상'의 기회로 활용해보기로 했다. 처음에는 어색했지만, 한 달쯤 지나자 이 시간이 하루 중 가장 기대되는 순간이 되었다. 직장에서의 스트레스와 가정에서의 책임감 사이에서, 오직 나만을 위한 시간이 생긴 것이다.

마이크로 명상의 과학적 근거

마이크로 명상이 단순한 '시간 때우기'가 아닌, 실질적인 효과를 가진 방법이라는 과학적 근거도 있다. 하버드대학교 의과대학 연구진은 짧은 명상만으로도 뇌의 스트레스 반응을 담당하는 편도체 활동이 줄어들고, 집중력과 감정 조절에 관여하는 전두엽 피질의 활동이 증가한다는 사실을 발견했다.

특히 하버드대학교 심리학과 엘렌 랭거 교수의 마인드풀니스 연구는 주목할 만하다. 그녀는 수십 년간의 연구를 통해 일상의 감각에 의식적으로 주의를 기울이는 것만으로도 스트레스와 불안이 많이 감소한다는 사실을 증명했다. 이 발견은 단 몇 분의 짧은 시간도 의식적으로 활용한다면 걱정을 줄이는 데 큰 효과가 있다는 것을 시사한다.

또한 캘리포니아대학교 로스앤젤레스 캠퍼스의 마음챙김 인식 연구 센터 연구에 따르면, 8주간 짧은 명상을 꾸준히 실천한 참가자들의 뇌에서는 불안과 관련된 영역의 활동이 감소하고, 집중력과 기억력을 담당하는 뇌 영역이 더 활성화되었다. 이는 짧은 명상도 꾸준히 실천하면 뇌의 구조적 변화까지 가져올 수 있다는 것을 의미한다.

대중교통에서 실천할 수 있는 마이크로 명상 기법

호흡 인식 명상, 지하철이나 버스에 앉아 있을 때, 가장 간단하게 시작할 수 있는 것이 호흡 명상이다. 스마트폰을 가방에 넣고, 눈을 살짝 감거나 시선을 낮춘 채 호흡에 집중해보자. 들이마시고 내쉬는 숨을 각각 4초씩 세어보는 방법도 좋다.

처음에는 잡생각이 계속 떠오르는 걸 경험할 것이다. '이 프로젝트는 어떻게 마무리하지?', '오늘 회의에서 실수하면 어떡하지?' 같은 걱정들이 자꾸 밀려온다. 이것은 완전히 자연스러운 현상이다. 중요한 것은 그 생각을 억지로 밀어내려 하지 말고, 단지 알아차린 후 다시 호흡으로 의식을 돌려놓는 것이다.

내가 출퇴근 시간에 호흡 명상을 처음 시작했을 때, 5분도 집중하기 어려웠다. 마음은 계속해서 미래의 걱정이나 과거의 후회로 달려갔다. 하지만 매일 조금씩 연습하자 2주 후에는 20분 동안 호흡에 집중할 수 있게 되었고, 이 과정에서 걱정이 자연스럽게 줄어드는 것을 경험했다.

정류장 카운팅 명상, 대중교통을 이용한다면 정류장 카운팅 명상도 효과적이다. 각 정류장에 도착할 때마다 '지금 이 순간'이라는 문구를 마음속으로 반복하며 현재에 집중하는 방법이다. 이것은 과거와 미래에 대한 걱정으로부터 벗어나는 좋은 훈련이 된다.

심리학자 매슈 킬링스워스의 연구에 따르면, 사람들은 깨어 있는 시간의 약 47%를 현재 하는 일과 무관한 생각에 빠져 있다고 한다. 이 '방황하는 마음(wandering mind)'이 불행의 주요 원인이 된다는 것이다. 정류장 카운팅 명상은 이러한 마음의 방황을 줄이고, 현재 순간에 붙들어두는 훈련이다.

특히 출퇴근 시간은 과거와 미래의 걱정으로 가득 차기 쉬운 시간이다. 정류장 카운팅 명상은 이런 걱정의 흐름을 끊고, 지금 이 순간에 의식을 고정시키는 앵커(닻)의 역할을 한다.

감각 명상

버스나 지하철을 기다리는 동안 또는 이동 중에 '5-4-3-2-1 감각 깨우기' 기법을 시도해보자. 이 기법의 출처는 명확하지 않지만, 심리치료 현장에서 널리 사용되는 접지(grounding) 기법의 하나로, 특히 급격한 불안이나 걱정이 밀려올 때 효과적으로 마음을 현재로 데려오는 방법이다. 방법은 간단하다.

 KEY POINT

- 눈으로 볼 수 있는 5가지를 찾아 하나씩 의식적으로 바라본다.
- 들을 수 있는 4가지 소리를 하나씩 인식한다.
- 만질 수 있는 3가지를 느낀다(예: 옷의 질감, 가방의 무게, 의자의 단단함).
- 냄새 맡을 수 있는 2가지를 알아차린다.
- 맛볼 수 있는 1가지(입안의 감각도 포함)를 인식한다.

이 과정을 통해 우리의 의식은 걱정이라는 추상적인 세계에서 벗어나 구체적인 현재의 감각으로 돌아오게 된다. 이때 중요한 건 각 감각을 단순히 '찾는 것'이 아니라, 그것을 온전히 '경험하는 것'이다.

회사원 J는 매일 아침 지하철로 1시간을 통근했다. 그는 종종 이 시간에 미래에 대한 걱정으로 가득 찼다고 한다. 특히 월요일 아침은 한 주가 시작된다는 압박감으로 더욱 힘들었다. 그에게 5-4-3-2-1 감각 명상을 소개했더니, 몇 주 후 변화가 생겼다. "이제 지하철에 탑승하자마자 이 기법을 실천해요. 덕분에 직장에 도착할 때는 한결 마음이 가벼워졌습니다"라고 그는 말했다.

귓속말 게임

지하철은 다양한 소리로 가득 차 있다. 대부분의 사람은 이 소음을 차단하기 위해 이어폰을 끼고 음악을 듣거나 동영상을 시청한다. 그러나 이 소음을 명상의 대상으로 삼을 수도 있다.

'귓속말 게임'은 이어폰 없이 지하철의 소음을 듣되, 그 안에서 다양한 소리를 구분해내는 게임이다. 바퀴 소리, 사람들의 대화, 방송 안내, 문이 열리고 닫히는 소리 등을 구분하는 단순한 행위가 놀라울 정도로 효과적인 명상이 될 수 있다.

이 방법은 특히 청각에 집중함으로써 현재 순간에 주의를 기울이게 한다. 또한 소리는 항상 현재 시간에만 존재하므로, 자연스럽게 과거나 미래에 대한 걱정에서 벗어나 현재에 머물게 된다.

K는 이 방법을 통해 출퇴근 시간의 스트레스를 크게 줄였다고 한다. "처음에는 지하철 소음이 너무 거슬렸어요. 그런데 이제는 오히려 그 소리들이 현재로 돌아오는 신호가 되었습니다. 특히 다양한 소리를 구분하는 동안에는 업무 걱정이 싹 사라진다는 게 신기해요."

운전 중 실천할 수 있는 마이크로 명상

운전을 하는 사람들은 대중교통 이용자와는 또 다른 스트레스를 경험한다. 교통체증, 난폭 운전자, 길 찾기 등의 문제가 운전자를 긴장 상태로 만든다. 하지만 운전 중에도 안전하게 실천 가능한 명상 방법들이 있다.

첫째, 신호등 명상하기

빨간 불에 멈출 때마다 깊은 호흡을 한 번 하고, 초록 불에 출발할 때 '새로운 시작'이라고 마음속으로 말하는 간단한 방법이다. 이렇게 일상의 사소한 순간을 알아차림의 기회로 삼을 수 있다. 이 방법의 장점은 운전에 방해가 되지 않으면서도 긴장된 몸과 마음에 작은 휴식을 제공한다는 점이다. 특히 빨간 불에 멈췄을 때 느끼는 짜증, 초조함을 인식하고 그것을 호흡과 함께 내보내는 연습을 할 수 있다.

둘째, 핸들 감각 명상하기

운전 중에는 시각에 대부분의 주의를 기울여야 하지만, 촉각을 활용한 마이크로 명상도 가능하다. 핸들을 잡은 손의 감각에 주의를 기울이는 것만으로도 현재 순간에 머무는 연습이 된다. 핸들의 질감, 온도, 손바닥에 느껴지는 압력 등을 의식적으로 알아차리는 것이다. 이러한 촉각 명상은 특히 운전 중 발생하는 불안이나 분노 감정을 완화하는 데 도움 된다.

걸어서 출퇴근할 때 실천할 수 있는 마이크로 명상

걸어서 출퇴근하는 사람들은 자연과 더 가까이 접촉할 수 있는 특권을 가지고 있다. 이 시간을 활용한 명상 방법도 다양하다.

첫째, 발걸음 세기 명상하기

걸어서 이동하는 시간에는 발걸음 세기 방법을 시도해보자. 50걸음을 세면서 걷는데, 이때 온전히 발이 지면에 닿는 감각에만 집중한다. 이런 단순한 행위가 머릿속 걱정을 잠시 내려놓는 효과적인 방법이 된다.

걷기 명상은 불교 전통에서 오랫동안 실천된 명상법 중 하나다. 베트남 출신의 선승 틱낫한은 "걸을 때는 걷는다는 사실만 알아차리면 된다"라고 가르쳤다. 이처럼 단순해 보이는 연습이 깊은 마음의 평화를 가져다준다는 것이다.

내 경험으로는 발걸음 세기 명상이 특히 아침 출근길에 효과적이었다. 머릿속이 하루 일정과 걱정으로 복잡할 때, 발걸음에 집중하면 마음이 정리되고 일에 대한 불안감이 줄어들었다.

둘째, 계절 감각 명상하기

걸어서 출퇴근하는 동안 계절의 변화를 의식적으로 관찰하는 것도 좋은 명상 방법이다. 봄의 꽃향기, 여름의 뜨거운 공기, 가을의 낙엽 소리, 겨울의 차가운 바람 등 계절마다 다른 감각적 경험에 주의를 기울이는 것이다.

계절 감각 명상의 장점은 자연과의 연결감을 통해 개인의 걱정을 더 넓은 맥락에서 바라볼 수 있게 해준다는 점이다. 우리의 걱정도 계절처럼 왔다가 결국 지나간다는 통찰을 얻을 수 있다. 또한 계절의 변화를 알아차리는 과정에서 무상함(impermanence)에 대한 이해가 깊어진다. 무상함의 이해는 불교 명상의 핵심 요소 중 하나로, 모든 것이 변화한다는 사실을 수용함으로써 집착과 두려움에서 벗어나게 해준다.

마이크로 명상을 시작하는 사람들을 위한 조언

마지막으로, 출퇴근 시간에 마이크로 명상을 시작하려는 이들을 위한 몇 가지 조언을 하고자 한다.

첫째, 기대치 낮게 설정하기

처음부터 완벽한 명상 경험을 기대하지 마라. 마음은 계속해서 방황하고, 걱정은 끊임없이 침범해 올 것이다. 그것은 실패가 아니라 마음의 자연스러운 상태다. 중요한 것은 마음이 방황했다는 것을 알아차리고 다시 현재로 돌아오는 연습을 하는 것이다.

둘째, 작게 시작하기

처음부터 30분 명상을 목표로 하기보다는 3분, 5분처럼 작은 목표부터 시작하라. 한 정거장 사이 또는 한 번의 신호 대기 시간만큼의 짧은 시간도 의미 있는 명상이 될 수 있다.

셋째, 자신에게 맞는 방법 찾기

모든 사람에게 맞는 단 하나의 명상법은 없다. 위에서 소개한 다양한 방법을 시도해보고, 자신에게 가장 편안하고 효과적인 방법을 찾아 실천하라. 어떤 사람은 호흡에 집중하는 것이 쉽고, 어떤 사람은 감각 인식이 더 자연스러울 수 있다.

넷째, 규칙적으로 실천하기

하루 종일 명상하는 것보다 매일 5분씩 꾸준히 실천하는 것이 더 효과적이다. 출퇴근 시간은 매일 반복되는 시간이므로 규칙적인 명상 습관을 들이기에 이상적이다.

다섯째, 기술의 도움받기

명상 앱이나 타이머를 활용하면 더 체계적으로 마이크로 명상을 실천할 수 있다. 특히 초보자에게는 안내된 명상이 도움 될 수 있다. 'Headspace', 'Calm', 'Insight Timer' 같은 앱은 출퇴근 시간에 적합한 짧은 명상 프로그램을 제공한다.

걱정을 내려놓는 작은 쉼표

출퇴근 시간은 하루의 시작과 끝을 연결하는 중요한 전환 시간이다. 이 시간을 단순히 견뎌내야 할 시간이 아니라, 마음을 돌보고 걱정을 내려놓는 소중한 기회로 바꿀 수 있다.

마이크로 명상은 거창한 것이 아니다. 호흡을 알아차리고, 발걸음에 주의를 기울이고, 주변의 소리를 구분하는 것과 같은 단순한 행위가 우리 마음에 작은 쉼표를 만들어준다. 이 작은 쉼표들이 모여 걱정으로 가득 찬 마음에 여유와 평화를 가져다준다.

출퇴근길이 더 이상 스트레스의 연속이 아니라, 자신을 돌보는 소중한 시간이 되기를 바란다. 오늘부터 당신의 출퇴근 시간에 작은 마이크로 명상을 시작해보는 것은 어떨까? 그 작은 변화가 당신의 하루를 그리고 삶을 변화시킬 것이다.

또 너무 과하게 걱정하고 계시네요 다 잘될 겁니다

PART
03

일상에서 실천하는
격정관리법

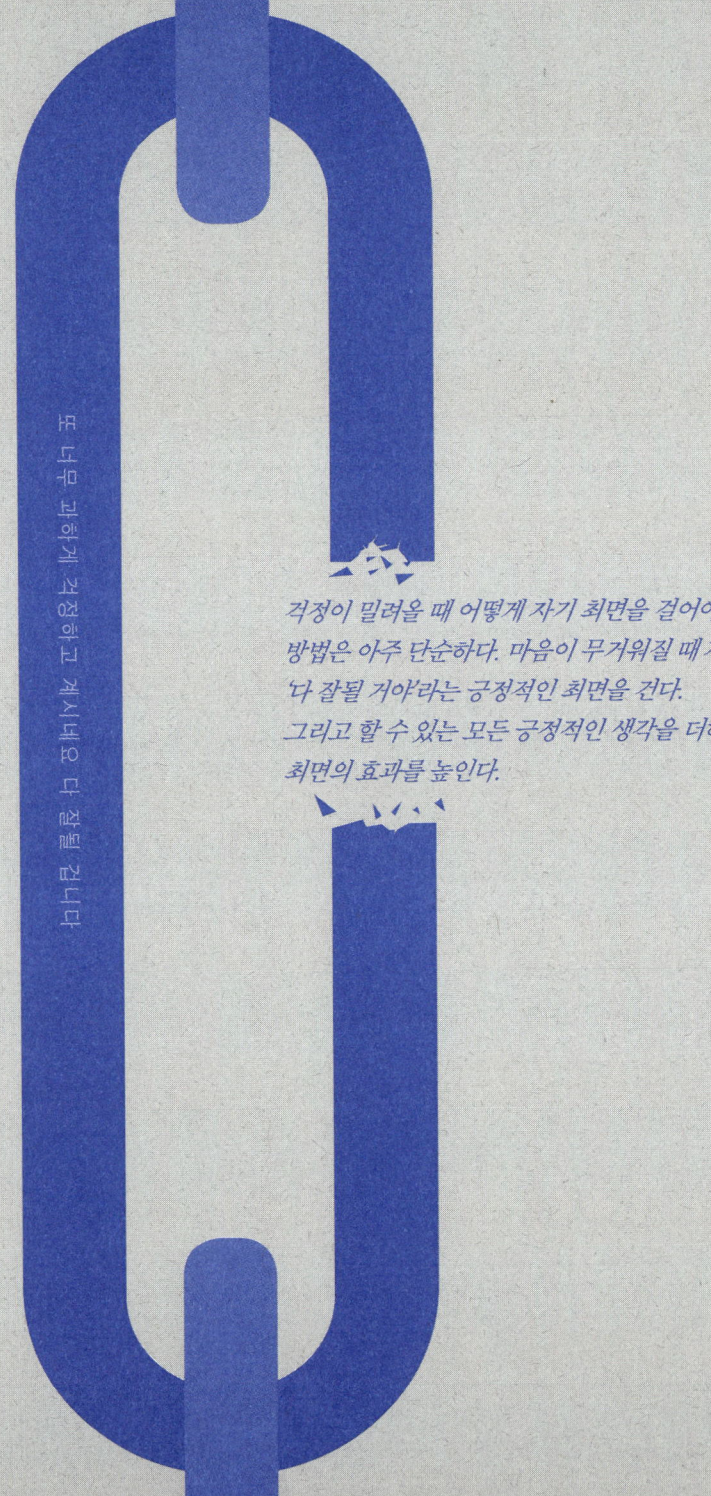

또 너무 과하게 걱정하고 계시네요 다 잘될 겁니다

걱정이 밀려올 때 어떻게 자기 최면을 걸어야 할까?
방법은 아주 단순하다. 마음이 무거워질 때 자신에게
'다 잘될 거야'라는 긍정적인 최면을 건다.
그리고 할 수 있는 모든 긍정적인 생각을 더해
최면의 효과를 높인다.

걱정을 교환하는 방법

생각하지 않겠다는 다짐만으로 걱정이 사라진다면 우리는 마음을 다루기 위해 노력하지 않아도 된다. 책을 읽을 필요도 없고, 동영상을 찾아볼 필요도 없다. 그러나 마음만으로는 해결되지 않으니, 걱정을 다루는 방법을 찾는다.

클립 하나부터 시작하기

클립 하나로 무엇을 할 수 있을까? 종이 서류를 묶어 깔끔히 정리하기, 책 읽은 부분까지 표시해두기, 고장 난 지퍼에 고리 부분을 연결해 지퍼 손잡이로 사용하기, 겨울철 니트 소매 끝 밑단에 끼워 정전기 방지하기 등 의외로 쓰임이 다양하다.

이런 클립 하나로 집을 구매한 20대 캐나다 청년이 있다. 《빨간 클립 한 개》라는 책이 출간될 정도로 유명한 일화다. 백수 청년 카일 맥도널드는 '비거 앤 베터(Bigger and Better)' 놀이를 계획한다. 놀이 규칙은 아주 간단하다. 자신이 가지고 있는 물건보다 더 크고 더 좋은 것으로 바꾸는 물물교환 놀이다. 맥도널드가 시작한 물건은 빨간 클립 한 개였다.

빨간 클립을 물고기 모양 펜으로 바꾸는 걸 시작으로 총 열다섯 번의 교환을 통해 그는 이층집을 얻는다. 단 1년 만에 빨간 클립이 집으로 바뀌었다. 카일 맥도널드가 기적을 만들어낸 원동력은 무엇이었을까? 커다란 빨간 클립 덕분일까? 그는 생각을 행동으로 옮기는 용기와 실행력을 지녔기에 클립을 집으로 바꿔냈다.

누군가는 클립을 집으로 바꾸며 앞으로 나아간다. 그런데 지난날 나는 걱정에 빠져 앞으로 나아가지 못했다. 빨간 클립으로 집을 구할 순 없어도 걱정 정도는 다른 무언가로 교환할 수 있지 않을까?

나만의 빨간 클립 찾기

오늘도 나는 걱정에 이끌린다. 녀석은 무기력이라는 친구를 동반한다. 아무것도 하지 못하는 나에게 걱정은 조곤조곤 속삭인다.

"너 또 이러지. 이러면 안 돼."
"좀 심하게 말하자면 넌 구제 불능이야."
"정말 아무 일도 없다고 생각해?"

이런 말들이 머릿속에 맴돌아 무기력해지고 침대 밖을 벗어나지 못하는 악순환을 겪는다. 감정의 늪에서 빠져나오기 위해 노력하지만 이

내 불안이 나를 완전히 잠식한다.

이럴 땐 빨간 클립을 떠올린다. 무기력에서 벗어나게 하는 작은 빨간 클립을 찾아본다. 빨간 클립이 어디 있지? 책상 어딘가 있었던 거 같은데? 빨간색이 아니던가? 클립이긴 했던가? 빨간 클립은 물건이어도 좋고 마음이어도 좋다. 손쉽게 찾을 수 있는 작은 것을 준비하자.

나는 청소기를 집어 들었다. 청소와 무기력을 교환하고 이리저리 움직인다. 우선 거실 청소부터 한다. 그러다 서재에 꽂혀 있는 오래된 어린이책을 발견했다. 예전에 출간 계약을 하면서 선물로 받은 책이다. 처음엔 재미있다가 몇 페이지 넘어가니 벌써 무기력이 몰려온다. 여기서 멈추면 안 된다.

이번엔 넘칠 듯 쌓여 있는 빨래 바구니 곁으로 간다. 흰색 옷만 골라 세탁기에 넣고 세제를 넣는다. 전원을 켜고 세탁 버튼을 누르니 세탁기 돌아가는 소리가 힘차게 울린다. 고개를 들어 창밖을 보니 가을 하늘이 청명하게 맑다. 환기할 차례다. 조금씩 기분이 좋아진다.

똑 떨어진 섬유 유연제를 사기 위해 모자만 대충 눌러쓰고 무거운 몸을 이끌고 밖으로 나간다. 집 앞 마트만 다녀올 계획이었지만 산책이 길어진다. 잠시 공원 벤치에 앉아 있던 차에 우연히 친구가 나타났다. 시간 가는 줄 모르고 한참 대화를 나눈다. 불어오는 가을바람에 마음이 설렌다.

청소기가 무료했던 일상을 행복한 일상으로 바꿨다. 오늘의 빨간 클립은 청소기였다.

클립 교환하기

걱정이 몰려오면 현실이 암담해져 시야가 좁아진다. 이럴 땐 쉬어야 좋아져서 조기 퇴근 후 집으로 향했다. 힘겹게 몸을 이끌고 집에 도착하니 거실에 햇살이 쏟아졌다. 시간은 5시 20분. 소파에 누워 있으니 열린 창문으로 들어오는 봄 향기가 느껴졌다. 모처럼 쉬려고 조퇴했는데 이상하게 기분은 나아지지 않고 오히려 더 불안하다. 좋은 날씨에 왜 이리 불안이 밀려올까? 남이 보기엔 세상만사 편해 보이는 사람이더라도 이유 없이 걱정에 붙들려서 한없이 내려앉는 기분을 느낀다. 그가 '걱정쟁이'이기 때문이다.

이제 빨간 클립을 꺼낼 시간이다. 이번에는 자주 들여다보지 않았던 일상 속 감사한 마음을 꺼낸다. 감사하는 방법은 다음과 같다.

KEY POINT

- 쓰지 않고 방치한 수첩을 꺼낸다.
- 볼펜으로 감사한 내용과 이유를 꾹꾹 눌러쓴다.

이때 중요한 점은 스마트폰은 쳐다보지 말고 볼펜을 사용할 때 느껴지는 압력과 종이의 질감을 인식하며 적는 일이다.

일상 속 감사한 마음을 꺼낸다. 감사하는 방법은 다음과 같다.

KEY POINT

- 오늘 아침 버스를 놓치지 않았음에 감사.

- 퇴근할 때 엘리베이터가 한 번에 와서 감사.
- 점심으로 먹은 파스타가 맛있어서 감사(심지어 먹고 싶은 메뉴를 먹어서 감사).
- 별다방에 내가 좋아하는 시즌 메뉴가 오늘부터 판매되어 감사.

그리고…… 여기까지.

빨간 클립이 감사로 교환되었다. 감사를 다른 걸로 교환하고 싶지만 더 이상 생각이 떠오르지 않는다. 교환은 성공만 있지 않다. 가끔은 실패할 때도 있고 손해도 본다. 하지만 작고 손쉬운 무언가로 교환했기 때문에 손해를 봐도 큰 문제가 아니다.

심리를 안정시키는 과학적인 방법

나는 과거 한 친구로 인해 감사가 발휘하는 효과를 확인했다. 친구 C는 감사 일기를 쓰면서 마음이 안정되었다고 자주 말했다. 감사 일기를 민간요법쯤으로 생각해서 처음에는 그 말이 믿기지 않았다. 그러나 꾸준히 변하는 친구를 지켜보면서 감사 일기가 진짜로 과학적인 효과가 있는지 호기심이 생겼다.

걱정을 덜어내기 위해 읽던 김권수 작가의 《내 삶의 주인으로 산다는 것》에서 감사가 뇌와 신체에 미치는 긍정적인 효과를 발견했다. 놀랍도록 친구 C가 말했던 장점과 같았다.

뇌의 왼쪽 전전두엽 피질은 감사함을 느낄 때 활성화된다. 이 부위는 사랑, 기쁨, 공감, 열의, 희망과 같은 긍정적인 감정을 통해 기능이 활발해진다. 캘리포니아대학교 데이비스 연구 결과에 따르면 감사 일기를 쓴 사람이 그렇지 않은 사람에 비해 행복지수가 높았다고 한다. 감사하며 긍정적인 시각으로 하루를 기록하는 감사 일기가 주는 효과가 과학적으로 증명된 셈이다.

불평불만이 많았던 C는 우연히 보았던 뉴스 기사를 따라 감사 일기를 썼다고 한다. 감사하는 사람이 그렇지 않은 사람보다 더 행복하다는 내용이 와닿아서였다. 자신이 늘 불행하다고 생각했던 C는 스스로 내뱉는 불평의 무게가 버거워 허덕이다 지푸라기라도 잡는 심정으로 일기를 썼다. 처음엔 도대체 감사할 게 뭐가 있는지 떠오르지 않아 애를 먹었다. 어떻게든 감사한 일을 찾기 위해 지금 환경을 돌아보고 타인이 베풀었던 작은 친절을 떠올렸다. 작은 감사로 시작했던 일기 내용은 삶을 수용하고 긍정적으로 바라보는 방향으로 조금씩 변했다. 그 덕분에 만날 때마다 툴툴거리던 C의 불평불만이 줄어들었다. 만나면 일단 불평을 늘어놓던 C였기에 그를 변화시킨 감사가 가진 힘에 더욱 흥미가 생겼다.

감사는 긍정적인 감정을 유발하고 행복한 삶을 살도록 도와준다. 여기에 그치지 않고 얻을 수 있는 효과가 더 있다. 《내 삶의 주인으로 산다는 것》에서 김권수 작가는 말한다.

'진정으로 감사하는 마음을 품게 되면 심장 박동과 뇌파의 주파수가 정확하게 일치한다는 연구 결과가 있다. 심장과 뇌파의 파동이 하나로 공명하여 가장 안정적인 상태를 만들어낸다.'

감사하는 마음이 가장 안정적인 상태를 만들어낸다. 돈이 없어도 마음만으로 충분하고 심지어 정신과 육체까지 건강하게 만든다.

친구 C의 변화와 일맥상통하는 또 다른 내용이 없을까 찾다가, 제러미 애덤 스미스가 쓴《감사의 재발견》을 찾아냈다. 책에는 감사의 뿌리를 규명하기 위해서 뇌과학자들과 생물학자들이 20여 년간 연구를 통해 정리한 내용이 실려 있었다. 복사 후 붙여넣기를 한 것도 아닌데 친구 C의 변화와 닮아 있었다.

KEY POINT

- 감사 일기를 꾸준히 쓴 C는 불평불만 대신 삶에 만족하는 표현을 자주 사용했다.
- 만날 때마다 나를 향해 자잘한 불만을 늘어놓던 그가 자신과 함께 해줘서 감사하다고 말했다.
- 친구는 만성적으로 시달리던 위염과 두통이 줄었다고 한다.
- 평소에는 무관심하던 자원봉사에 관심이 생긴 C는 유기견 보호소 청소 봉사를 시작했다.
- 야근은 물론 주말 특근까지 시달려도 이직 생각을 하지 못하던 그가 이직을 준비한다.

C의 변화를 통해 감사가 정신 건강, 인간관계, 신체 건강, 자기 계발을 비롯해 유익한 영향을 광범위하게 주는 걸 깨달았다.

100원짜리 빨간 클립보다도 구하기 쉬운 게 감사다. 친구를 지켜보다가 나도 감사하는 마음을 글로 썼다. 한 달 정도 지나자 마음속 깊은 곳에 있던 불안감과 욕심이 보였다. 글을 쓰며 내 안의 약한 부분과 직면했다. 마주한 욕심은 쉽게 사라지지 않지만, 걱정을 일으키는 수많은 실체 중 하나가 욕심이란 걸 알게 되어서 기뻤다. 걱정이라는 감정이 일어나는 원인에 접근했기 때문이다.

알랭 드 보통 역시 《타이탄의 도구들》에서 불안을 벗어나는 방법으로 감사를 말했다.

'불안에서 벗어나는 가장 좋은 방법은 지금 이 순간의 좋은 일에 감사하는 것이다.'

생각보다 감사가 가진 힘은 강하다. 가장 작은 마음으로 감사를 시작하라. 거기까지다. 그다음 어떤 변화가 일어날지 기대해보자.

걱정을 치유하는 표현적 글쓰기

　스마트폰, 생성 AI, 동영상 플랫폼까지 현대 사회를 살아가는 사람은 자연스럽게 글쓰기와 거리를 두고 산다. 심지어 태어나자마자 이런 시대를 접하고 성장한 이들은 당연하게도 문해력이 부족하다. 언어는 마음의 거울이라는 말이 있다. 사용하는 어휘가 늘어나면 사고의 폭도 자연스럽게 넓어진다. 하지만 처음부터 글을 막힘없이 잘 쓰는 사람은 없다. 글쓰기 실력은 많이 읽고 많이 쓰면 어느새 발전한다. 감정을 드러내는 글쓰기 역시 마찬가지다. 딱 하나 차이점이 있다면 자아를 다루는 표현적 글쓰기는 몹시 자유롭다. 나만을 위한 글쓰기라 엉터리 문법에 문장이 어색하고 맞춤법이 틀려 오타가 나도 괜찮다. 그저 자기 마음을 솔직히 표현하자.

실타래 같은 글쓰기

나는 글쓰기를 '실타래'로 비유한다. 여기서 실타래란 실을 쉽게 풀 수 있도록 둘둘 말아놓은 실뭉치다. 실타래를 뜨개바늘에 연결하면 장갑이나 목도리를 만들고 구멍 난 옷을 꿰맨다.

가벼운 마음으로 느긋하게 바느질하면 실타래에 얽힌 실은 술술 잘 풀린다. 장갑이나 목도리를 만드는 긴 시간 동안 엉키지 않는다. 하지만 급한 마음으로 실을 다룰 때 실타래는 복잡한 마음처럼 엉켜버린다. 엉켜버린 실타래를 푸는 방법은 골치가 아플 정도로 어렵다. 마음 같아서는 싹둑 잘라내어 다시 시작하고 싶지만, 엉켜버린 실을 풀기 위해서는 실 끝부터 엉킨 부분을 조금씩 천천히 찾는다. 그렇게 실을 따라 얽힌 부분을 풀어내다 보면 실타래는 다시 술술 잘 풀린다.

엉킨 실을 풀어내는 과정은 글쓰기와 비슷하다. 생각과 걱정이 실타래라면, 글쓰기는 엉킨 실타래 끝을 찾아 막힌 부분을 풀어가는 과정이다. 펜은 엉킨 부분을 풀어내는 역할이다. 글쓰기는 생각과 걱정을 실타래 풀듯이 풀어 정리하게 도와준다. 술술 풀리는 길로 생각을 인도한다. 걱정이 몰려올 때 펜을 들어 현재 겪는 상황을 드러내자.

오직 나만 보는 글

자아와 밀접하게 맞닿아 자기 마음을 숨김없이 솔직히 표현하는 데 목적을 두고 글을 쓰는 방법을 '표현적 글쓰기'라 부른다. 이를 연구해온 제임스 W. 페니베이커는 《표현적 글쓰기》에서는 결함이 있더라도 마음 놓고 글 쓸 자유를 허용하라고 권한다.

글쓰기가 익숙하지 않은 사람은 펜을 드는 행위 자체가 두렵다. 표현적 글쓰기는 누군가에게 보여주기 위한 글이 아닌 나만을 위한 글쓰기이다. 쉽게 말해 자유롭게 쓰면 된다. 앞뒤가 안 맞는 내용이나 엉터리 문장을 포함한 나의 모든 결함을 끌어안는다. 타인이 보는 상황에서 글을 쓰면 자기 검열이 일어난다. 이런 내용을 써도 되나 싶은 걱정과 더불어 맞춤법은 맞았는지 계속 신경 쓰인다. 그러면 결국 한 줄도 적지 못하고 글쓰기를 포기한다. 그러나 표현적 글쓰기는 다르다. 굳이 남에게 보일 필요가 없다. 엉터리 문법에 맞춤법이 틀려도 괜찮다.

내가 처음으로 시도한 표현적 글쓰기는 실패였다. 오히려 걱정이 가중되는 느낌을 받았다. 안 좋은 기억의 실체를 꺼내놓고 마주하니 걱정을 재확인하는 기분이었다. 하지만 하루 이틀이 지나자, 내가 처한 걱정과 마주하는 게 익숙해져 오히려 걱정에 대해 무뎌지는 걸 느꼈다. 그리 큰일이 아닌데 혼자서 전전긍긍했다는 걸 알아차렸다.

표현적 글쓰기가 주는 가장 좋았던 점은 글 쓰는 시간에만 걱정하고 글쓰기가 끝나면 영화 상영이 끝나듯 걱정이라는 필름이 뚝 끊어지는 경험이었다. 표현적 글쓰기가 나에게는 진통제와 같은 효과를 발휘했다. 두통이 몰려오면 타이레놀을 먹어 통증을 완화하듯 표현적 글쓰기 또한 심리적 외상이 생길 때 사용 가능한 상비약이다. 머릿속을 헤집는 생각이나 고민이 생긴다면 표현적 글쓰기를 통해 응급처치한다. 두통이 나아지듯 걱정도 덜어진다.

글쓰기만으로 마음이 편해지는 표면적 글쓰기를 위해 바로 펜을 들어보자. 뭘 써야 할지 생각나지 않는다면 첫 주제로 오늘 눈뜨자마자 들었던 걱정에 대해 써보는 걸 추천한다.

약보다 강한 글쓰기의 효과

'펜은 약보다 강하다(The pen is mightier than the pill).'

1990년대 영국 〈가디언〉지에 실렸던 기사 제목이다. 글쓰기는 마음뿐만 아니라 육체 통증에도 영향을 미친다는 연구 결과가 나왔다.

조슈아 스미스가 이끈 연구팀은 글쓰기의 치료 효과를 검증하기 위해 천식과 관절염 환자에게 가장 큰 스트레스 경험에 관해 3일간 연속해서 20분씩 글쓰기를 하도록 했다. 동시에 나머지 통제 집단 환자에게는 그저 일상 계획을 적도록 지시했다.

그 결과 스트레스에 관해 글을 썼던 실험 집단의 천식 환자에게 폐 기능이 20% 향상되었다는 결과를 얻어냈다. 또한 관절염 환자는 통증이 3분의 1 수준 이하로 완화되는 변화를 보였다.

반면 계획만 적었던 통제 집단에서는 아무런 변화를 보이지 않았다. 자신이 겪은 가장 큰 스트레스를 솔직하게 표현적 글쓰기를 통해 드러낸 환자만이 마음과 육체를 변화로 이끌었다.

나 역시 표현적 글쓰기를 통해 걱정을 덜어내고 마음의 안정을 찾았다. 직접 글을 쓰며 느낀 효과를 정리하면 이러하다.

- 변화하고 싶은 방향으로 꾸준히 글을 쓴다면 결국엔 그 바람이 이뤄

진다.
- 응어리진 마음을 글로 풀어내면 위장 기능이 향상된다. 글을 꾸준히 써 가는 과정에서 소화불량과 더부룩함이 줄어들었다.
- 타인에게 감사하는 마음을 정기적으로 적으면 인간관계가 좋아진다. 특히 가까운 사람을 향해 감사한 마음을 적을 때 효과가 크다.
- 매일 일정한 시간을 정해놓고 규칙적으로 글을 쓴다면 창조성이 극대화되고 좋은 글이 나온다. 그래서 매일 규칙적으로 글쓰기를 실천했다.
- 꾸준한 글쓰기는 나태해진 마음을 바로잡는다. 몸과 마음은 서로 긴밀히 연결되어 있다. 몸이 무거워지면 마음이 무거워지고, 마음이 무거워지면 몸도 무거워진다. 이럴 때 꾸준히 글을 쓴다면 나태해지는 삶의 중심이 바로 잡힌다.
- 만병의 근원은 스트레스다. 글쓰기는 스트레스를 완화한다. 다양한 연구에서 그 효과를 증명했는데, 글을 쓰면서 스트레스가 줄어드는 걸 경험했다.
- 미래를 대비하는 효과가 있다. 과거 다니던 회사에서 성장이 어려워 어떻게 해야 할지 정리해봤다. 일단 내가 어떤 상황인지를 적었다. 그러다 보니 자연스럽게 미래에는 어떤 방향으로 발전했으면 좋겠다는 생각까지 적게 되었고, 글을 바탕으로 미래를 위한 대비까지 가능했다.
- 부정적인 감정이 줄어든다. 당장 솟아나는 감정이 부정적인 감정이 더라도 글을 써 내려가면 어느새 침착해지는 나를 발견했다. 흥분이 가라앉으면 마음이 앞서 보지 못했던 새로운 관점이 보인다.

- 어려움이 닥쳤을 때 일상을 지켜낸다. 고난이라는 해일이 닥칠 때 글쓰기라는 안전벨트가 나를 꽉 잡아준다. 차근차근 그리고 꾸준히 지금 상황을 적으면 골치 아픈 상황을 타개할 해결책이 서서히 나타난다.
- 원인을 알 수 없는 불안과 싸우는 사람이라면 그 원인을 찾기보다 나에게 집중해서 글을 써보자. 그러면 마음과 태도가 조금씩 변한다. 변화하는 나에게 집중하면 이유를 알 수 없던 불안과 두려움의 실체가 보인다. 그 실체는 너무 하찮고 아무것도 아닌 경우가 많다.

디지털로 하는 표현적 글쓰기

우리가 살아가는 시대는 펜보다 키보드가 익숙하고 어디서든 스마트폰만 있으면 글쓰기가 가능하다. 현대 사회의 이점을 반영해서 만든 '디지털 표현적 글쓰기' 방법을 소개하겠다. 디지털 세상에 어울리는 방법으로 누구나 쉽게 표현적 글쓰기에 접근하도록 방법을 찾았다.

우선 책상에 앉아 키보드 위에 손을 올려놓는다. 컴퓨터에 마이크로소프트 오피스가 설치되어 있다면 원노트 프로그램을 실행한다. 이런 프로그램이 없어도 괜찮다. 워드나 메모 프로그램을 실행하자. 참고로 손 글씨가 편하면 종이와 펜으로 써도 무방하고, 스마트폰이 편하면 메모 앱을 켠다. 그리고 유튜브에서 '조용한 배경 음악'이나 '카페에서 듣는 가사 없는 음악'이라는 키워드를 검색한다. 수많은 플레이리스트 중 재생 시간이 1시간 이상인 곡을 선택한다. 튀는 멜로디가 없는 잔잔한 음악이 좋다. 그 후 소리는 들릴 듯 말 듯 작게 볼륨을 맞춘다.

이제 엉클어진 머릿속을 시각화할 차례다. 걱정을 옷이라고 생각하고 걱정을 정리할 공간을 옷장이라고 상상한다. 흩어진 옷을 천천히 옷걸이에 걸어서 옷장에 집어넣는 이미지를 그린다. 옷을 모두 넣었으면 크게 숨을 쉬고 표현적 글쓰기를 한다.

컴퓨터에 실행한 프로그램에서 새 노트 혹은 새 문서를 연다. 그리고 걱정거리를 제목으로 정해서 페이지당 하나씩 적는다. 걱정이 열 개라면 열 개의 페이지를 만든다. 워드라면 마지막 장이 10페이지여야 한다. 종이에 쓴다면 종이가 열 장 필요하다.

이제 정리할 차례다. 방금 써놓은 걱정은 제목이다. 이제 제목 아래 걱정에 대해 느끼는 감정이나 상황을 구체적으로 표현한다. 앞서 이야기한 방법처럼 내용, 문법, 맞춤법, 오타는 전혀 생각하지 않고 적는다. 그렇게 열 장이 완성되면 쓴 글들을 한 장씩 읽어보며 걱정과 마주한다.

충분히 마주했다면 저장할 차례다. 바탕화면에 오늘 날짜로 폴더를 생성한다. 스마트폰이라면 접근이 편리한 공간에 폴더를 만든다. 종이에 적었다면 클립이나 스테이플러로 종이를 가지런히 모은다. 그리고 맨 앞장에는 오늘 날짜를 쓴다.

이렇게 오늘의 걱정거리가 정리되었다. 마치 어질러진 옷을 옷장 안에 집어넣어 가지런히 정리하듯, 마음 여기저기 널브러진 걱정이 정리되는 기분을 느낄 수 있다.

나만의 걱정 주문 만들기

 행동뿐만 아니라 감정도 습관이라는 말을 들어본 적 있는가? 뇌는 익숙한 상태를 유지하려는 특성이 있고, 그 익숙함에는 체형이나 감정까지 포함된다. 쇼핑을 생각하면 갑자기 도파민이 날뛰듯 주문을 외우는 것만으로 마음을 진정시키는 방법이 있다. 걱정에 사로잡혔을 때 나만의 주문을 외우고 문제를 차근차근 해결하는 과정을 계속해서 거친다. 그러면 주문을 외우는 행동으로도 벌써 걱정이 줄어드는 효과가 느껴진다.

〈세 얼간이〉 속 주문

 압박감을 느끼는 상황에서 영화 주인공이 자신만의 주문을 외우는 장면이 종종 나온다. 가장 기억에 남는 등장인물은 인도 영화 〈세 얼간이〉 속 란초다. 그는 말한다.

"알 이즈 웰(All is Well, 모든 것이 다 잘될 거야)!"

새 학기 신입생은 선배들로부터 부조리한 신고식을 당한다. 주인공 란초 역시 선배에게 괴롭힘을 당할 상황에 부닥친다. 그를 둘러싸고 선배들은 바지를 벗으라며 협박한다. 란초는 오른손으로 주먹을 쥐고 심장을 살짝 다독이며 '알 이즈 웰'을 왼 후 위험한 상황을 재치 있게 모면한다.

영화 속 주인공이 '알 이즈 웰'을 외게 된 계기는 과거 경험에서 비롯됐다. 주택 단지를 지키는 경비원 아저씨가 밤 순찰을 하며 "알 이즈 웰!"이라고 외치면 동네 사람은 안심하고 잠이 든다. 하지만 어느 날 동네에 도둑이 들었고 이를 계기로 경비원 아저씨가 야맹증 환자였다는 게 밝혀진다. 나라면 업무에 적합하지 않은 사람이 일을 맡았다며 화를 냈을 텐데 주인공 란초는 달랐다. 그는 도둑이 든 일을 계기로 사람은 쉽게 겁먹지만, 또 쉽게 용기 낸다는 사실을 깨닫는다. 그는 큰 문제와 마주했을 때 "알 이즈 웰!"이라 외치며 걱정에 사로잡힌 자신을 속이고 용기를 끌어낸다.

〈세 얼간이〉는 좌충우돌하는 세 명의 등장인물이 성장하는 과정을 유쾌하게 그려낸다. 겁 많고 걱정이 많은 두 친구를 마법의 주문 '알 이즈 웰'로 이끄는 란초. 그 모습에 나만의 주문을 외던 어린 시절이 떠올랐다.

걱정을 가져가는 '걱정 인형'

걱정을 가져가는 인형이 존재한다. 과테말라에서 유래된 인형으로 한 많은 과테말라의 역사와 자연환경 변화를 담은 인형이다. 과거 과테말라 원주민은 지리적 위치상 유럽의 숱한 침략을 받으며 내전을 겪었다. 거기에 화산 폭발 등 자연재해까지 겹치며 걱정 많은 하루를 살았다. 걱정이 가득한 상황에 심리적인 안정을 얻으려는 방법으로 과테말라에서 '걱정 인형'이 탄생했다.

걱정 인형을 사용하는 방법은 단순하다. 안 입는 옷가지와 버려지는 천으로 걱정 인형을 여러 개 만든다. 그 후 인형들을 가방 속에 넣어 아이에게 선물한다. 아이는 잠들기 전 인형을 아무거나 하나 꺼내 걱정거리를 말하고 베개 밑에 넣은 후 잠이 든다. 그러면 인형이 걱정을 가져간다는 이야기다.

걱정 인형은 힘든 상황에 놓인 과테말라 국민을 위로하고 걱정을 덜어주는 훌륭한 역할을 하고, 현재 전 세계 어린이와 어른에게까지 사랑받는다. 더 나아가 걱정 인형을 이용한 '걱정 치료법'은 의학적으로도 유용한 처방으로 여겨진다. 수면 장애나 불안정한 심리를 가진 아이를 위한 치료에 사용된다.

불안을 털어놓고 누군가 걱정을 가져가 준다는 상상만으로도 마음은 편해진다.

당장 실행할 수 있는 작은 주문

걱정은 모든 곳에 존재한다. 인도에서도, 과테말라에서도, 한국에서도 모든 사람이 한두 개쯤은 품고 산다. 아이부터 어른까지 이유도 각양각색이다. 마음이 병드는 걸 막기 위한 노력 또한 나라와 세대를 막론하고 존재한다. 그래서 '알 이즈 웰'이나 '걱정 인형' 같이 걱정을 다루는 방법이 탄생했다. 혹시 당신은 근심을 잠재우는 주문을 만들어본 적이 있는가? 남이 하지 않을 특이한 방법으로 말이다.

나는 유독 걱정이 많았던 고등학교 시절 걱정을 달래는 주문을 만들었다. 손가락으로 '브이' 모양을 만든다. 스포츠 경기에서 승리한 선수가 활짝 웃으며 취하는 자세인 손가락 브이, 사진을 찍을 때 포즈를 취해달라는 사진사의 요청에 어색하게 하는 브이. 당신이 지금 생각하는 자세가 맞다. 어른이 된 지금도 이 주문을 사용 중이다.

손가락 브이는 보통 승리를 의미한다. 승리의 손가락 표시는 제2차 세계 대전 당시 유럽이 나치에 점령당하고 영국만 홀로 싸우고 있을 때, 윈스턴 처칠이 승리의 브이 표시를 상징 삼아서 희망과 비전을 제시했던 역사에서 유래되었다고 전해진다. 국민 마음에 희망을 불어넣었던 브이를 떠올리며, 걱정이 몰려올 때 마음속으로 승리의 주문을 외친다.

'브이!'

그러면서 손가락 두 개를 힘껏 펼친다. 방향은 나에게로 향하도록 한다. 걱정과의 전쟁에서 난 이미 승리했다는 사인이다. 버스에서도 '브이!', 지하철에서도 '브이!', 자다가도 '브이!'. 가끔 이상한 사람으로 오해받기도 하겠지만 괜찮다. 걱정을 이길 수만 있다면야 무엇인들 못 하겠는가?

 나만의 걱정을 이기는 주문을 만들어두면 불안에 시달릴 때 마음을 진정시키는 방법이 생긴다. 언제 어디서든 취할 수 있는 자세여야 하므로 되도록 쉬운 포즈가 좋다. 손동작이나 발동작이라면 남이 눈치채지 못하게 재빠르게 자세를 취할 수 있다. 엉터리처럼 보이는 자세라면 피식 웃음이 나서 더 즐겁다. 나만의 주문에 부스터를 달아주는 유쾌한 포즈를 만들어 걱정을 덜어내는 방법이다.

걱정을 잠재우는 자기 최면

내면에서 자신을 보는 마음이 단단하지 않은 시기에는 좋은 말을 듣고 긍정적인 신호를 받아도 의심이 생기고 불안해진다. 갑자기 내면을 콘크리트처럼 단단하게 만들 방법은 없다. 다만, 내면을 속이는 방법이 존재한다. 바로 자기최면이다. 불안한 상태더라도 끊임없이 자신에게 용기를 북돋아주는 말을 속삭인다. 끊임없이 잘될 거라며 마음속에서 되뇌다 보면 생각이 습관처럼 굳어지고, 마침내 최면에 걸린 듯 자신에게 계속해서 속삭이던 말을 믿게 된다.

하루 동안 내뱉는 말

말은 사람의 내면을 보여준다. 사용하는 언어를 통해서 됨됨이가 드러난다. 무심코 뱉은 말 한마디가 중요하다. 잠시 숨을 고르고 돌이켜본다. 오늘 입에서 어떤 말이 흘러나왔는지. 잠언 15장 2절은 이렇게 말한다.

'지혜로운 이들의 혀는 지식을 베풀지만, 우둔한 자들의 입은 미련함을 내뱉는다.'

사회 구성원으로 살아가는 데 언어는 매우 중요한 수단이다. 그래서인지 우리가 쉽게 입 밖으로 꺼내는 말의 중요성을 강조한 옛 속담이 전해진다. 한국에는 '말 한마디에 천 냥 빚을 갚는다'라는 속담이, 몽골에는 '칼의 상처는 아물어도 말의 상처는 아물지 않는다'라는 속담이 있다. 무심코 뱉은 말 한마디가 갖는 무게에 대한 표현이다.

계속해서 신경 쓰고 조심해야 한다면 차라리 입을 다물고 최대한 말을 아끼며 살면 편할까? 무조건 입을 다물어도 문제가 생긴다. 사회적인 동물인 인간은 좋든 싫든 언어로 의사소통하기에 우리는 매일매일 말을 쏟아낸다.

그렇다면 하루에 얼마나 많은 말을 뱉으며 살아갈까? 신경 정신분석학자 루안 브리젠딘의 연구에 따르면 여성은 하루 평균 2만 단어를 말하고, 남성은 7천 단어를 말한다. 하루에만 수천 마디를 뱉는 셈이다. 그렇게 무심코 꺼낸 말이 개인적인 성향을 드러낸다.

사회 심리학자 제임스 W. 페니베이커는 인간은 자신만의 단어를 선택해서 사용한다고 주장했다. 그 단어는 무의식적으로 자신이 어떤 사람인지를 드러내 자신의 흔적을 남긴다. 내가 말하는 순간 어떤 사람인지 표현된다. 그는 말했다.

"우리는 어딜 가든 어떤 상황에서든 자신만의 '언어 지문'을 남긴다. 그 지문을 따라 단서를 추적하여 분석하면 그 단어를 사용한 사람의 개인적 세계를 엿볼 수 있다."

어제, 오늘 내가 뱉은 말이 모여서 나의 척도가 되고 내 모습을 보여준다.

평소에 자신은 마음이 약하고 알고 보면 속이 따뜻한 사람이라고 주장하는 이가 있다고 하자. 그와 스치는 모든 사람이 그 말을 무조건 믿을까? 아니다. 대부분은 평소에 그 사람이 어떻게 말하고 행동하는지를 지켜보고 판단한다. 상대방에 대해 비아냥거리고 성장기에나 사용할 법한 욕을 달고 산다면 자신이 아무리 따뜻한 사람이라고 주장해도 믿음을 주기 힘들다. 평소에 사용하는 단어나 말투가 사람을 판단하는 기준이 되어서다. 그렇기에 툭하면 화내고 상대방을 무시하며 말하는 사람을 가까이하려는 사람은 드물다. 그가 이미 자신의 언어로 어떤 사람인지 보여주었기 때문이다.

상황을 긍정적으로 바꾸는 자기 최면

비지시적 최면을 창시한 밀턴 에릭슨은 '현대 최면의 아버지'라고 불리는 심리치료사이다. 1901년 태어난 그는 17세 때 걸린 소아마비로 전신이 마비되어서 눈동자를 움직이는 일 외에는 아무것도 할 수 없는 상태였다. 1919년 미국의 작은 농장에 사는 부모가 열일곱 소년을 위해서 해줄 치료 방법은 그리 많지 않았다. 그러나 밀턴 에릭슨을 위해서 어머니는 의사를 세 명이나 찾아서 진료를 부탁한다. 안타깝게도 세 의사는 모두 똑같은 진단을 내렸다.

"죄송합니다만, 아드님은 곧 죽습니다."

몸은 움직이지 못했지만, 정신은 맑았던 에릭슨은 의사의 진단에 무너지는 어머니를 보며 다짐했다.

'의사의 단언이 절대 현실이 되지 않게 할 거야!'

다짐처럼 소년은 살아남는다. 그런 모습을 지켜본 어머니는 희망을 품고, 시간이 지나 다시 의사를 불렀다. 아직 살아 있는 소년을 보고 의사는 놀라워했지만, 여전히 희망 없는 진단을 내린다.

"아이가 목숨은 유지해도 걷기는 어렵습니다."

이 말을 들은 소년은 다시 마음속으로 다짐한다.

'절대 의사의 단언이 현실이 되지 않게 하겠어!'

그 결과는 어땠을까? 몇 년 후 소년은 일어나서 걸었고 여든 살까지 살았다. 에릭슨은 자신이 겪은 사건을 통해 말속에는 사람의 '잠재력'을 불러일으키는 힘이 있음을 알아차렸다. 질병은 물론 심리적 문제에도 영향을 끼친다. 이는 운명을 의지로 바꿀 수 있다는 새로운 발견이었다.

말이 가진 힘을 알게 된 에릭슨은 성인이 되어서도 자신의 신념을 지켰다. 그런 그에게 제자가 간곡히 부탁한다.

"선생님, 저희 고모를 도와주세요. 우울증을 앓는 고모가 큰집에서 혼자 외롭게 지내고 있어요. 생활 방식을 바꿔보라고 여러 차례 권했지만, 고집이 너무 강해서 제 얘기를 듣지 않아요. 어떻게 해야 할지 선생님께서 봐주시면 안 될까요?"

간절한 부탁에 에릭슨은 시간을 내어서 제자의 고모를 찾아간다.

활기 없는 얼굴에 근심 가득한 표정을 한 노부인이 에릭슨을 맞이했다. 주변을 살펴보던 에릭슨은 집에서 유일하게 생기가 도는 제비꽃 화분을 발견한다. 이를 보고 에릭슨이 말했다.

"정말 아름다운 꽃이군요."

메마른 삶을 살던 노부인이 다정한 말에 감동하며 대답했다.

"할 일이 없어서 조금 심어봤어요. 얼마 전에 꽃을 피우더라고요."

그 순간 에릭슨은 노부인의 미래를 바꿀 한마디를 건넨다.

"특별한 날 꽃을 선물 받는다면 얼마나 행복할까요? 결혼식이나 출산 혹은 생일 같은 날 말이에요. 이런 아름다운 꽃을 받는다면 다들 행복해할 것 같아요."

이후 노부인은 제비꽃을 더 많이 심어서 특별한 날을 맞은 이웃에게 가장 아름다운 꽃을 선물한다. 그렇게 몇 해가 지나자 그녀는 마을 사람들에게 '제비꽃 여왕'이라는 수식어를 얻는다. 시간이 흘러 그녀가 사망하자 장례식에는 수천 명이 참석해 애도를 표했다.

에릭슨이 건넨 한마디는 어떻게 노부인의 마음을 움직여 변화를 이끌었을까? 에릭슨은 노부인이 바로 행동할 수 있는 범위에서 우울 상태를 벗어나는 방법을 흘렸다. 강요나 호소로 부담을 주지 않고 공허하게 빈 노부인의 마음을 채울 만한 일을 은근슬쩍 알렸다. 자연스러운 상황과 대화 속에서 내담자가 의식하지 못하는 가운데, 비지시적으로 자신이 주도적으로 행동한다고 느끼며 최면에 빠지는 '에릭슨 최면'. 말 한마디로 알게 모르게 자신 혹은 타인에게 영향을 주고 인생까지 바꿀 기회를 연다.

에릭슨은 몸을 움직이지 못했던 어린 시절에 자기 최면을 시도하다가 자연적 최면으로 불리는 최면법을 발견했다. 창밖에 보이는 넓은 바깥세상으로 나가고 싶어 자신에게 최면을 걸었고 결국 자기 최면이 효과를 발휘한다.

최면을 일상생활에서 발생하는 자연적인 심리상태로 본 '에릭슨 최면'의 효과에 대한 경험담은 시대를 거슬러도 여전히 등장한다. 영국 프리미어리그 맨유에서 뛰었던 박지성 선수 역시 자기 최면 효과를 보여준다. 경기를 뛸 때마다 그는 '항상 내가 최고'라는 자기 최면을 걸며 최선을 다했다고 전해진다. 출중한 선수인 박지성 선수가 지닌 능력 자체도 훌륭했지만, 타국에서 주눅 들지 않고 기량을 제대로 발휘했던 이유에는 자기 최면의 지분이 있다. 자기 최면은 불안과 걱정, 밀려오는 부정적인 감정을 에너지로 승화해서 목표를 향해 달리는 마음의 자원으로 활용된다.

걱정을 잠재우는 말 한마디

걱정이 밀려올 때 어떻게 자기 최면을 걸어야 할까? 방법은 아주 단순하다. 마음이 무거워질 때 자신에게 '다 잘될 거야'라는 긍정적인 최면을 건다. 그리고 할 수 있는 모든 긍정적인 생각을 더해 최면의 효과를 높인다.

'오늘은 내가 가장 좋아하는 날이다.'

'지금은 뭐든 잘되는 순간이야.'

'온종일 행복할 거야.'

'오늘도 행운이 가득할 거야.'

단순해 보이지만 이런 말과 생각으로 이루어진 단어와 문장을 습관적으로 되풀이하면 삶이 크게 변한다.

뇌과학자 앤드류 뉴버그는 《단어가 당신의 뇌를 바꾼다》라는 저서에서 신체적, 감정적 스트레스를 통제하는 유전자에 내가 생각하고 말하는 단어가 영향을 미친다고 전했다. '사랑'과 '평화'를 발음하면 전두엽의 인지 영역 중 긍정적인 부분이 넓어져 뇌 기능의 변화를 불러온다. 말 한마디도 아니고 단어만 말해도 뇌 영역이 움직인다. 불안이 우리를 잠식할 때 가장 빨리 벗어날 방법은 긍정적인 단어를 말하며 자신에게 최면을 거는 일이다.

지금 바로 나에게 최면을 걸어보자.

"다 잘될 거야, 다 잘될 거야!"

"결국엔 잘될 거야!"

"정말로 다 잘되었잖아!"

당신은 너무 좋은 사람입니다

앤드류 뉴버그는 단어 하나로 우리가 긍정적인 방향으로 이끌린다고 말했다. 그렇다면 긍정적인 단어가 가득 담긴 글을 읽는다면 어떨까? 하루를 48시간처럼 쓰며 달리던 나를 응원하고자 쓴 글이 있다. 집과 회사를 오가며 삶을 지켜내는 모두에게 따뜻한 위로를 전하고자 이 글을 소개한다.

모두 잘될 것이다.
숨 쉬고 살아 있다는 것만으로도 당신은 대단하다.
아침에 눈을 뜨고 하루를 시작했다면 그것만으로도 당신은 한 발짝 나아갔다.
당신이 가진 잠재력은 숨어 있지만 일상을 차곡차곡 쌓으며 살아가면 언젠가 폭발할 것이다.
평범하지만 그 속에 가치가 있다.
작은 걸음이 합쳐져서 목표에 닿는다.
당신은 일상의 행복을 아는 사람이다.
작은 행복이 가진 가치를 아는 사람은 갑작스럽게 들이닥친 큰 행운에도 중심을 잃지 않는다.
당신은 큰 행운도 연금처럼 나눠 쓸 줄 아는 현명한 사람이다.
준비된 당신에겐 좋은 일이 계속된다.
목표를 성실함으로 이뤄내고 꾸준함이 발판이 되어 원하는 성과를 하나씩 얻어내는 미래가 열린다.
좋은 일이 계속되는 이유는 당신이 그럴 만한 자격을 지닌 사람이기 때문이다.
잠깐 어려울지라도 좋은 일이 늘 당신을 향해 있기에 문제없다.
된다, 충분히 된다.
당신은 당신이라는 자체만으로도 빛이 난다.

걸음은 늘 가볍고 먹어도 찌지 않는다.
주변은 사랑으로 넘쳐나고 모두가 당신을 사랑한다.
받은 사랑만큼 베풀 줄 아는 좋은 사람, 그것이 당신이다.
그러니 당신은 잘되는 게 당연하다.

수다의 치유력

오래된 속담처럼 걱정은 나눌수록 가벼워진다. 하지만 현대 사회에서 우리는 점점 외로워지고 있다. 바쁜 일상과 디지털 기기의 확산으로 진정한 대화가 줄어들고, 걱정은 오히려 혼자 품는 경우가 많아졌다. 걱정이 마음속에 갇힐 때 그 무게는 배가 되지만, 친구와 나눌 때 그 무게는 놀랍도록 가벼워질 수 있다.

혼자 끙끙 앓지 말고 함께 나누는 방법

어릴 때부터 걱정이 많은 아이였지만, 또한 남들에게 내 걱정을 털어놓는 것은 늘 어려웠다. '나만 겪는 문제를 다른 사람이 어떻게 이해할까?', '내 걱정을 들으면 부담스러워하지 않을까?', '약해 보이지 않을까?' 하는 생각에 걱정을 속으로 삭이는 일이 많았다.

이런 생각은 나에게만 있는 게 아니다. 많은 사람이 비슷한 이유로 자신의 걱정을 나누지 못한다. 특히 한국 사회에서는 '남에게 폐를 끼치지 말아야 한다'는 생각이 강해, 자신의 문제를 드러내는 것을 꺼리는 경향이 있다.

사람들은 자신의 걱정과 불안을 나누는 것이 상대방에게 부담을 줄 거라고 생각하지만, 실제로는 그렇지 않다고 한다. 오히려 자신의 취약점을 드러내는 것이 상대방과의 친밀감을 높이고, 관계를 더 깊게 만드는 효과가 있다. 모든 걱정을 모든 사람에게 나눌 필요는 없다. 걱정의 종류와 깊이에 따라 나눌 대상을 선택하는 것이 중요하다.

심리학자들과 사회학자들은 인간관계를 여러 동심원으로 표현했다. 가장 안쪽 원에는 가장 가까운 1~5명의 사람이, 그 바깥으로 친한 친구, 지인, 아는 사람 등이 위치한다. 가장 깊고 무거운 걱정은 안쪽 원에 있는 사람들과만 나누고, 가벼운 고민은 더 넓은 원 영역의 사람들과 나눌 수 있다.

내 경우, 직장에서의 일상적인 스트레스는 같은 직장 동료와, 가족 관계의 고민은 오랜 친구들과, 가장 깊은 삶의 질문들은 단 두 명의 절친한 친구와만 나눈다. 이렇게 걱정의 종류에 따라 대화 상대를 달리하면, 상대방에게 지나친 부담을 주지 않으면서도 자신의 걱정을 효과적으로 나눌 수 있다.

걱정을 나누는 구체적인 방법

걱정을 나눌 때는 몇 가지 원칙이 도움 된다.

KEY POINT

- 시간과 장소 고려하기: 바쁜 시간이나 공개된 장소보다는 서로 편안하게 이야기할 수 있는 시간과 장소를 선택하자.
- 먼저 물어보기: "지금 내 걱정에 대해 이야기해도 괜찮을까?" 하고 먼저 물어보는 것이 좋다. 상대방도 지금 자신의 걱정으로 가득 차 있을 수 있기 때문이다.
- 구체적으로 표현하기: "요즘 좀 힘들어" 하는 모호한 표현보다는 "최근에 일 때문에 잠을 잘 못 자고 있어"처럼 구체적으로 말하는 것이 상대방의 이해를 돕는다.
- 솔루션보다는 경청을 원한다면 미리 말하기: 때로는 해결책이 아니라 그저 들어주기만 해도 마음이 편안해질 때가 있다. 이럴 때는 "지금은 조언보다는 그냥 들어주면 좋겠어"라고 미리 말해두면 도움 된다.

친구 A는 연애 문제로 고민이 있을 때마다 이렇게 말한다.

"오늘 내 연애 고민 좀 들어줄래? 해결책은 필요 없고, 그냥 공감만 해줘."

이렇게 하면 듣는 친구도 '조언해야 하나?' 하는 부담에서 벗어나 더 편안하게 들어줄 수 있다.

걱정 대화가 험담이 되지 않게 하는 비결

우리는 종종 걱정을 나누는 것과 험담을 헷갈린다. 둘 다 부정적인 감정을 표현한다는 점에서 비슷해 보이지만, 그 목적과 결과는 매우 다르다.

걱정 나누기는 자신의 고민을 표현하고 정서적 지지를 받는 과정이다. 이 과정에서 우리는 마음의 짐을 덜고, 새로운 관점을 얻으며, 문제 해결의 실마리를 찾는다.

반면 험담은 다른 사람에 대한 부정적인 이야기를 그 사람 없는 자리에서 하는 것이다. 순간적으로는 스트레스가 해소될 수 있지만, 장기적으로는 부정적인 감정이 강화될뿐더러 문제를 해결하는 데 도움되지 않는다.

건강한 방식으로 걱정을 나누려면 다음 원칙을 기억하자.

KEY POINT

- 해결책 지향적 대화하기: '이 사람이 얼마나 짜증나는지'에 초점을 맞추기보다는 '이런 상황에서 어떻게 대응하는 것이 좋을지'에 대해 이야기하자.
- 맥락 공유하기: 상황의 전체 맥락을 공유하여 한쪽 면만 보지 않도록 한다.
- 감정에 이름 붙이기: '화가 난다', '불안하다', '서운하다' 등 자신의 감정에 정확한 이름을 붙여 표현하면, 감정을 더 잘 다룰 수 있게 된다.

- 책임 공유하기: 모든 문제를 타인의 탓으로만 돌리지 않고, 자신의 역할과 책임도 인정한다.

현실적으로 부정적인 감정을 완전히 배제하고 이야기하기란 어렵다. 중요한 것은 대화의 궁극적인 목적이 단순한 스트레스 해소를 넘어, 문제해결과 개인적 성장에 있다는 점을 기억하는 것이다.

서로의 걱정을 들어주는 좋은 친구 되기

걱정을 나눌 때 가장 중요한 것은 '어떻게 말하는가'가 아니라 '어떻게 듣는가'이다. 친구의 걱정을 들을 때 다음 방법을 실천해보자.

KEY POINT

- 100% 현재에 집중하기: 스마트폰을 멀리하고, 친구의 이야기에 온전히 집중하자. 눈을 마주치고, 고개를 끄덕이며 경청하고 있음을 보여주자.
- 판단하지 않기: "그건 별거 아니야", "내가 너였다면 이렇게 했을 텐데" 같은 말은 상대방을 더 작게 만든다. 그 대신 "그런 상황이었구나. 정말 힘들었겠다"처럼 상대방의 감정을 인정해주자.
- 솔루션보다 공감: 바로 해결책을 제시하기보다 먼저 공감해주자. "그런 상황에서 그렇게 느끼는 건 당연해"와 같은 말은 상대방에게 큰 위로가 된다.

- 질문하기: 상대방의 이야기를 더 깊이 이해하기 위해 개방형 질문을 해보자. "그때 어떤 생각이 들었어?", "가장 힘들었던 부분은 뭐였어?"

친구 B는 누구보다 뛰어난 청취자다. 그녀와 이야기할 때면, 마치 세상에 우리 둘밖에 없는 것처럼 온전히 내 이야기에 집중한다. 그런 그녀에게 속내를 털어놓으면, 문제가 해결되지 않았어도 마음이 한결 가벼워진다.

걱정을 나누는 관계가 건강하게 유지되려면 '주고받음'의 균형이 중요하다. 항상 한쪽만 걱정을 나누고 다른 쪽은 들어주기만 한다면, 그 관계는 시간이 지나면서 불균형해질 수 있다.

친구가 나의 걱정을 들어주었다면, 다음에는 그 친구의 이야기를 들어줄 기회를 만들자. "지난번에 내 이야기 들어줘서 고마웠어. 너는 요즘 어떻게 지내?"라고 물어보는 것만으로도 관계의 균형을 유지하는 데 도움 된다.

또한 걱정만 공유하는 관계가 아니라, 기쁨과 성취도 함께 나누는 관계를 만들어가자. 긍정적인 감정을 나누는 것 역시 관계를 더 깊고 풍요롭게 만든다.

걱정을 말로 표현하는 것은 단순한 감정 해소를 넘어 놀라운 신경학적 효과가 있다. 캘리포니아대학교 로스앤젤레스의 심리학과 교수 매튜 리버만의 연구에 따르면, 부정적인 감정을 언어로 표현하는 것(이를 '정서적 명명'이라고 함)은 편도체의 활동을 감소시키고, 전두엽의 활동을 증가시킨다.

쉽게 말해, 걱정을 말로 표현하면 감정 반응을 담당하는 뇌 영역의 활동은 줄어들고, 이성적 사고를 담당하는 뇌 영역의 활동은 늘어난다는 것이다. 이는 우리가 더 냉정하게 상황을 평가하고, 감정에 휘둘리지 않고 문제를 해결할 수 있게 도와준다.

내 경험에서도 이를 확인할 수 있었다. 큰 프로젝트 마감이 다가와 불안할 때, 혼자 고민하면 악순환 속에 빠지곤 했다. 하지만 친구에게 구체적으로 걱정을 표현했을 때, 마치 머릿속이 정리되는 듯한 느낌을 받았고, 그 덕분에 더 체계적으로 문제에 접근할 수 있었다.

우리는 종종 자신의 생각과, 특히 걱정 속에 갇혀 '터널 시야(tunnel vision)'에 빠진다. 전체 그림을 보지 못하고 한 가지 측면만 확대해서 보는 것이다.

친구와의 대화는 이러한 터널 시야에서 벗어나 더 넓은 관점을 가질 수 있게 해준다. 다른 사람은 같은 상황을 다르게 볼 수 있고, 우리가 미처 생각하지 못한 측면을 짚어줄 수 있다.

친구 C는 직장에서 승진이 늦어져 크게 좌절하고 있었다. 혼자 생각할 때는 '나는 능력이 부족해서 인정받지 못한다'는 결론에 도달했다. 하지만 친구들과 대화를 나누면서, 회사의 구조적 문제, 경제 상황 그리고 더 넓은 관점에서 성공의 의미 등 다양한 측면을 고려하게 되었다. 결국 그는 승진에 대한 집착에서 벗어나, 자신이 진정으로 가치를 두는 일에 집중하게 되었고, 아이러니하게도 얼마 후 승진까지 하게 되었다.

디지털 시대의 걱정 나누기

디지털 기술의 발달로 우리는 언제 어디서나 소통할 수 있게 되었다. 하지만 온라인 소통과 오프라인 소통은 분명한 차이가 있다.

연구에 따르면, 얼굴을 마주 보는 대화는 옥시토신(애착과 신뢰 형성에 관여하는 호르몬)의 분비를 촉진하고, 더 강한 유대감을 형성한다. 반면, 문자 메시지와 같은 온라인 소통은 비언어적 단서(표정, 목소리 톤, 제스처 등)가 부족하여 오해가 생길 가능성이 더 크다.

그렇다고 온라인 소통이 무조건 나쁜 것은 아니다. 물리적 거리, 시간 제약 또는 개인적 성향(예: 내향성)으로 인해 직접 만나기 어려울 때, 온라인 소통은 좋은 대안이 될 수 있다.

온라인에서 걱정을 나눌 때 다음 사항을 고려하자.

KEY POINT

- 문자보다 음성 또는 화상 통화 선호하기: 가능하다면 문자 메시지보다 통화나 화상 채팅을 활용하자. 목소리와 표정은 더 풍부한 정서적 교류를 가능하게 한다.
- 이모티콘 활용하기: 문자로 소통할 때는 이모티콘을 활용하여 감정을 더 명확히 전달하자.
- 정기적인 체크인: 멀리 있는 친구와도 정기적으로 깊은 대화를 나눌 수 있는 시간을 만들자.
- 디지털 과부하 주의하기: 너무 많은 사람과 동시에 깊은 대화를 나누려고 하면, 오히려 모든 관계가 얕아질 수 있다. 핵심적인 관

계에 집중하자.

미국에 사는 내 친구와는 일주일에 한 번 화상 통화로 서로의 고민을 나눈다. 시차가 있어 쉽지 않지만, 이 정기적인 소통이 10년 넘는 우정을 유지하는 비결이 되었다.

함께 나누는 걱정의 힘

현대 사회에서 우리는 점점 더 바빠지고, 디지털 기기에 의존하며, 진정한 유대감을 형성하기 어려워지고 있다. 하지만 인간은 본질적으로 사회적 존재이며, 서로의 기쁨과 슬픔 그리고 걱정을 나누며 살아간다.

걱정을 나누는 것은 단순히 부정적인 감정을 토로하는 것이 아니다. 그것은 자신의 취약성을 드러내는 용기 있는 행동이고, 타인과 더 깊은 유대를 형성하는 기회이며, 자신의 문제를 새로운 관점에서 바라볼 수 있는 통로이다.

우리 모두 혼자 걱정을 껴안지 말고, 믿을 수 있는 친구와 함께 나누는 지혜를 가졌으면 한다. 친구와 나누는 수다 한 잔이 때로는 어떤 약보다도 강력한 치유력을 발휘할 수 있으니까.

당신의 걱정을 나눌 용기가 있는가? 오늘, 친구에게 전화를 걸어보자. 그 작은 용기가 당신의 마음을 한결 가볍게 만들어줄 것이다.

걱정 많은 날의 플레이리스트

고대 그리스 철학자 플라톤은 말했다.

"음악은 도덕법칙이다. 음악은 우주에 영혼을, 마음에 날개를, 상상에 날개를, 삶과 모든 것에 매력과 명랑함을 준다."

이 말은 수천 년이 지난 오늘날에도 여전히 깊은 진리를 담고 있다. 머릿속이 걱정으로 가득 차 있을 때, 때로는 약보다, 명상보다, 심지어 친구의 조언보다 우리 마음을 더 빠르게 진정시키는 것이 바로 적절한 음악일 수 있다.

그렇다면 걱정이 밀려올 때, 어떤 음악을 들어야 할까? 특정 상황에는 어떤 음악이 효과적일까? 과학적 연구와 실제 경험을 바탕으로, 걱정 많은 날을 위한 플레이리스트를 만드는 법을 함께 알아보자.

마음을 안정시키는 음악의 과학

음악을 들으면 뇌에서는 어떤 일이 일어날까? 신경과학 연구에 따르면, 음악은 뇌의 다양한 영역을 동시에 활성화시키는 몇 안 되는 활동 중 하나다. 음악을 들을 때 우리 뇌는 소리를 처리하는 청각 피질뿐만 아니라, 리듬을 인식하는 운동 피질, 감정을 처리하는 변연계, 심지어 단어와 의미를 분석하는 언어 중추까지 활성화된다.

특히 주목할 만한 것은 음악이 도파민이라는 '행복 호르몬'의 분비를 촉진한다는 사실이다. 맥길대학교의 연구에 따르면, 사람들이 좋아하는 음악을 들을 때 도파민 수치가 최대 9%까지 증가한다고 한다. 이는 초콜릿을 먹거나 좋아하는 활동을 할 때 느끼는 보상과 유사한 효과를 준다.

하지만 모든 음악이 동일한 효과를 가져오는 것은 아니다. 음악의 템포, 조성, 멜로디, 가사 등 다양한 요소가 우리의 심리적, 생리적 반응에 영향을 미친다.

걱정을 줄이는 음악의 주요 특성들을 살펴보자.

KEY POINT

- 템포(Tempo): Harmony and Healing의 보고서에 따르면 분당 60~80비트 정도의 느린 템포는 우리의 심장 박동과 호흡을 진정시키는 경향이 있다. 이는 '엔트레인먼트(entrainment)' 현상으로, 우리 몸의 생체 리듬이 음악의 리듬에 맞춰지는 것을 말한다.
- 조성(Tonality): MDPI의 연구에서는 일반적으로 장조(Major key)

의 음악은 긍정적이고 밝은 감정을, 단조(Minor key)는 슬프거나 우울한 감정을 유발한다. 그러나 역설적으로, 우울한 기분일 때 단조의 음악이 더 공감을 느끼게 해 위로가 되기도 한다.
- 친숙함(Familiarity): 컬럼비아대학교의 연구에서는 익숙한 음악은 안전감과 편안함을 제공한다. 과거의 긍정적인 기억과 연결된 음악은 특히 강력한 치유 효과를 가져올 수 있다.
- 가사(Lyrics): 인스브루크대학교의 연구에서는 가사가 있는 노래는 가사의 내용에 따라 다양한 영향을 미친다. 긍정적이고 희망적인 가사는 걱정을 줄이는 데 도움 될 수 있지만, 집중이 필요한 상황에서는 가사 없는 음악이 더 효과적일 수 있다.

특히 현악기와 피아노가 중심이 된 클래식 음악, 차분한 재즈 또는 자연의 소리가 가미된 음악이 심리적 불안을 감소시키는 데 효과적인 것으로 나타났다.

감정별 추천 음악 플레이리스트

걱정은 하나의 감정이 아니라 다양한 감정 상태를 포함한다. 불안, 초조함, 우울, 분노, 두려움 등 다양한 감정이 '걱정'이라는 이름으로 묶이는 경우가 많다. 각 감정 상태에 따라 효과적인 음악도 달라질 수 있다. 내가 평소에 상황별로 듣는 음악을 소개한다. 참조하여 나만의 플레이리스트를 완성해보자.

1. 불안과 초조함을 가라앉히는 음악

마음이 계속 이리저리 달려 안정되지 않고, 가슴이 두근거리며, 심장이 빠르게 뛸 때는 다음과 같은 음악이 도움 된다.

- 데뷔시의 '달빛(Clair de Lune)': 부드럽게 흐르는 피아노 선율은 마치 잔잔한 호수 위를 거니는 듯한 평온함을 선사한다.
- 막스 리히터의 '온 더 네이처 오브 데이라이트(On the Nature of Daylight)': 현악 앙상블의 깊고 감성적인 하모니는 불안한 마음을 감싸 안아준다.
- 브라이언 이노의 '뮤직 포 에어포트(Music for Airports)': 앰비언트 음악의 선구자인 이노의 작품은 공간감 있는 사운드로 마음에 여유를 만들어준다.

이런 종류의 음악은 호흡을 자연스럽게 늦춘다. 이 플레이리스트를 틀어놓고 눈을 감고 몇 분 동안 깊게 호흡해보자.

2. 우울한 마음을 위로하는 음악

때로는 슬픔과 우울함이 걱정의 형태로 나타난다. 이럴 때는 다음과 같은 음악이 효과적이다.

- 콜드플레이의 '픽스 유(Fix You)': 희망과 공감을 담은 가사와 점점 고조되는 멜로디가 위로를 준다.
- 밥 말리의 '쓰리 리틀 버즈(Three Little Birds)': '모든 것이 잘될 거야'

라는 단순하지만 강력한 메시지를 전한다.
- 아델의 '세트 파이어 투 더 레인(Set Fire to the Rain)': 때로는 강렬한 감정 표현이 담긴 음악을 통해 감정을 대리 발산하는 것도 좋은 방법이다.
- 루이 암스트롱의 '왓 어 원더풀 월드(What a Wonderful World)': 세상의 아름다움을 상기시키는 이 노래는 우울한 시기에 새로운 관점을 제공한다.

우울할 때는 역설적으로 너무 밝고 신나는 음악이 오히려 괴리감을 줄 수 있다. 나의 감정을 인정하면서도 점진적으로 기분을 나아지게 하는 음악을 선택하는 것이 좋다.

3. 분노와 좌절감을 해소하는 음악
걱정이 분노나 좌절의 형태로 나타날 때도 있다. 이럴 때는 다음의 음악이 좋다.

- 비틀즈의 '렛 잇 비(Let It Be)': 받아들임과 내려놓음의 메시지를 담고 있다.
- 퀸의 '위 윌 록 유(We Will Rock You)': 단순하고 강력한 비트에 맞춰 손뼉을 치거나 발을 구르는 것만으로도 한바탕 카타르시스를 경험할 수 있다.
- 모차르트의 '레퀴엠(Requiem)': 때로는 강렬한 클래식 음악이 복잡한 감정을 표현하는 데 도움 된다.

분노와 좌절감을 다룰 때는, 감정을 부정하거나 억누르기보다는 안전하게 표현하고 해소하는 것이 중요하다고 생각한다.

4. 두려움을 극복하는 음악

미래에 대한 걱정이 두려움으로 나타날 때, 다음의 음악들이 도움된다.

- 존 레전드의 '올 오브 미(All of Me)': 사랑과 수용의 메시지를 담은 이 노래는 안전감을 준다.
- 한스 짐머의 '인터스텔라(Interstellar) OST': 웅장하고 희망적인 사운드트랙은 더 큰 그림을 볼 수 있게 해준다.
- 에릭 사티의 '짐노페디(Gymnopédies)': 미니멀하고 반복적인 패턴이 마음을 안정시킨다.

두려움을 다룰 때는, 통제감을 주는 음악이 효과적이다. 예측 가능한 리듬과 패턴 그리고 점진적으로 해결되는 하모니는 불확실성에서 오는 두려움을 완화시킨다.

감정별 영화와 책 추천

영화 속 음악은 감정적 경험을 극대화한다. 때로는 좋아하는 영화의 사운드트랙만 들어도 영화가 주는 감정과 메시지를 다시 경험할 수 있다.

- 위로가 필요할 때: 〈어바웃 타임〉, 〈굿 윌 헌팅〉, 〈원더〉 등의 영화는 따뜻한 메시지와 함께 위로를 주는 사운드트랙을 가지고 있다.
- 동기부여가 필요할 때: 〈로키〉, 〈퍼슈트 오브 해피니스〉, 〈히든 피겨스〉는 역경을 이겨내는 이야기와 함께 영감을 주는 음악을 담고 있다.
- 마음의 휴식이 필요할 때: 〈미드나잇 인 파리〉, 〈벗지 오브 헤븐〉, 〈센과 치히로의 행방불명〉과 같은 작품은 아름다운 비주얼과 음악으로 일상에서 잠시 벗어나게 해준다.

영화를 전부 볼 시간이 없다면, 좋아하는 장면만 골라서 보거나 사운드트랙만 듣는 것도 좋은 방법이다.

나만의 걱정 완화 플레이리스트 만들기

효과적인 '걱정 완화 플레이리스트'는 과학적 원리와 함께 개인적 선호와 경험을 고려해야 한다.

> **KEY POINT**
> - 인 히스토리 반영하기: 어린 시절 위로받았던 노래, 특별한 추억이 담긴 음악 등 개인적으로 의미 있는 곡들을 포함시킨다.
> - 다양한 감정 상태 고려하기: 하나의 플레이리스트에 다양한 감정(우울함, 분노, 불안 등)에 대응할 수 있는 곡들을 포함시키거나, 감정

별로 별도의 플레이리스트를 만든다.
- 시간대별 음악 선택하기: 아침에는 활력을 주는 곡, 업무 중에는 집중을 돕는 곡, 저녁에는 이완을 돕는 곡으로 구성하는 것이 효과적이다.
- 새로운 발견과 친숙함의 균형: 기존에 좋아하던 곡과 함께, 새로운 음악도 지속적으로 탐색하고 추가한다.

나의 경우, 스포티파이에 '심장이 빠르게 뛸 때', '머리가 복잡할 때', '에너지가 필요할 때'와 같이 여러 감정 상태에 따른 플레이리스트를 만들어뒀다. 특히 불안할 때 듣는 플레이리스트는 초반에는 내 감정과 비슷한 템포의 곡으로 시작해, 점차 더 평온한 곡으로 변화하도록 구성했다. 또한 요즘은 다양한 음악 스트리밍 서비스가 개인 취향과 기분에 맞는 음악을 추천받는다.

KEY POINT

- 무드 기반 플레이리스트: 스포티파이, 애플 뮤직, 유튜브 뮤직 등에서 제공하는 '진정', '이완', '명상' 등의 무드 기반 플레이리스트를 활용한다.
- 알고리즘 추천: 평소 좋아하는 곡을 기반으로 한 추천 알고리즘을 통해 새로운 음악을 발견한다.
- 특정 활동을 위한 음악: '수면', '명상', '집중', '운동' 등 특정 활동에 맞춰진 플레이리스트도 걱정관리에 도움 된다.
- ASMR과 백색 소음: 음악 외에도 빗소리, 파도 소리, 숲속 소리 등

의 자연음이나 ASMR 콘텐츠도 걱정을 완화하는 데 효과적이다.

이런 서비스들은 대부분 개인화된 추천 시스템을 갖추고 있어, 사용할수록 나의 취향과 필요에 더 맞는 음악을 제안한다.

음악의 치유력 믿기

걱정이 많은 날, 음악은 우리의 강력한 동반자가 될 수 있다. 과학적 연구와 수천 년의 인류 경험이 증명하듯, 음악은 단순한 즐거움 이상의 것을 제공한다. 그것은 우리의 신경계를 조율하고, 감정을 표현하고, 마음을 진정시키는 놀라운 도구다.

다음에 걱정이 밀려올 때, 약을 찾거나 문제를 곱씹기 전에 먼저 이어폰을 꽂거나 스피커를 켜보자. 자신에게 맞는 음악을 찾고, 그 소리에 충분히 몰입해보자. 음악이 만들어내는 짧은 휴식 속에서, 때로는 가장 명확한 통찰과 평화를 발견할 수 있을 것이다.

결국 음악은 우리 자신의 내면과 대화하는 언어이며, 그 언어를 통해 우리는 걱정이라는 소음 위에 아름다운 하모니를 만들어낼 수 있다. 나만의 '걱정 완화 플레이리스트'를 만들고, 음악이 선사하는 치유의 여정을 시작해보자.

또 너무 과하게 걱정하고 재시도와 다 잘될 겁니다

PART
04

환경과 몸으로
걱정 다스리기

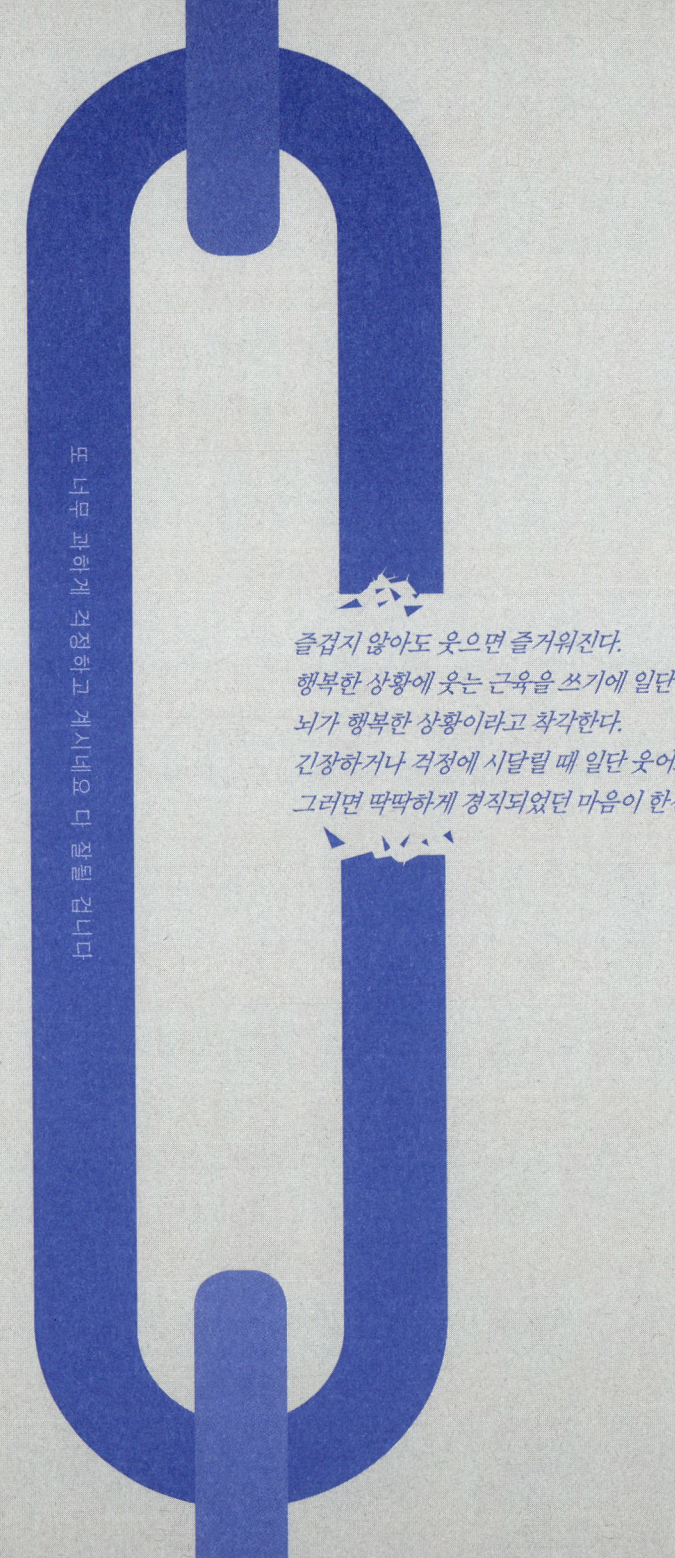

즐겁지 않아도 웃으면 즐거워진다.
행복한 상황에 웃는 근육을 쓰기에 일단 웃으면
뇌가 행복한 상황이라고 착각한다.
긴장하거나 걱정에 시달릴 때 일단 웃어보자.
그러면 딱딱하게 경직되었던 마음이 한결 편해진다.

또 너무 과하게 걱정하고 계시네요 다 잘될 겁니다

1초, 2초, 3초, 현재에 집중하기

현재를 살아간다는 건 어렵다. 우리는 현재를 살면서도 과거나 미래에 관심을 빼앗긴다. 친구를 만나면서도 학교에서 있었던 일을 곱씹고, 가족과 식사하는 자리에서 회사 일을 고민한다. 지금 이 순간에 집중하기란 쉽지 않다. 걱정 역시 우리가 현재에 집중하지 못하게 시선을 빼앗는다. 그렇다면 온전히 지금 순간에 몰입한다면 걱정에 사로잡힌 마음을 빼앗을 수 있지 않을까?

1초를 온전히 느껴보기

1초는 찰나의 순간이다. 지금 이 문장을 읽으면서 당신의 1초가 지났다. 눈 한번 깜빡할 시간이지만 1초라는 시간은 절대 짧지 않다. 우리가 사는 세상에 1초라는 시간 동안 무슨 일이 일어나는지 자세히 살펴보자.

- 고양이는 2미터 높이를 뛴다.
- 경주견 휘핏은 16미터를 달린다.
- 우리 몸 안에 50만 개의 세포가 사라지고 만들어진다.
- 벌이 270번 날갯짓을 한다.
- 클릭 한 번으로 천만 원이 이동한다.
- 복싱에서 KO가 발생한다.
- 결승점을 통과한 선수 메달이 결정된다.
- 전투기 추락 시 비상탈출이 이뤄진다.
- 첫인상이 결정된다.
- 전 세계에서 16만 장의 비닐봉지가 사용된다.
- 사자가 사슴을 낚아챈다.
- 중성자별이 716회 자전한다.
- 윙크를 두 번 할 수 있다.
- '최애'의 콘서트 표가 매진된다.
- 신호위반에 걸린다.

이번에는 1초를 온전히 느껴보는 실험을 해보자. 주머니 속 스마트폰을 꺼낸다. 잠금 화면 시계에는 초까지 표시되지 않으므로 스톱워치 앱을 실행한다. 스톱워치 사용법은 단순하다. 시작 버튼을 누르면 시간이 지나고, 중지 버튼을 누르면 시간이 멈춘다. 1초를 느낄 준비가 되었는가?

"준비, 시작!"

……

"중지!"

어떤가? 짧은가? 다시 한번 해보자.

"준비, 시작!"

……

"중지!"

어떤가? 느껴본 1초는 생각보다 길었을 것이다.

1초를 느껴보라고 한 이유가 있다. 1초를 보면서 무슨 생각을 했나? 그 짧은 찰나에 저녁밥을 고민했을까? 아니면 내일 출근할 생각에 스트레스를 받았을까? 스톱워치에서 밀리초 숫자가 정신없이 바뀌는 걸 보면서 지나가는 1초를 충실히 느꼈을 것이다. 그 온전한 느낌이 바로 현전일념(現前一念)이다.

과거나 미래가 아닌 오늘을 살기

애니메이션 〈쿵푸팬더〉에서는 현전일념에 관한 명대사가 나온다. 거북 대사부 우그웨이는 주인공 판다 포에게 이렇게 말한다.

"어제는 지나간 역사이고, 내일은 알 수 없는 신비로운 것, 그러나 오늘은 선물이네. 그래서 그것을 현재(선물)라고 부른다네."

우리가 현재를 누리지 못하는 이유는 과거와 미래에서 오는 두려움 때문이다. 과거에서는 상처를, 미래에서는 걱정과 불안을 사용해 에너지를 소비한다. 그래서 현재를 위한 삶에 에너지를 온전히 사용하지 못한다. 정신적 풍요와 마음의 풍요는 현재 삶에 집중하면 찾아온다.

우리가 살아갈 날은 며칠이나 남았을까? 일흔 살까지 산다는 가정하에 일수를 세어보자.

- 20세부터 남아 있는 삶 18,250일
- 25세부터 남아 있는 삶 16,425일
- 30세부터 남아 있는 삶 14,600일
- 35세부터 남아 있는 삶 12,775일
- 40세부터 남아 있는 삶 10,950일
- 45세부터 남아 있는 삶 9,125일
- 50세부터 남아 있는 삶 7,300일
- 55세부터 남아 있는 삶 5,475일
- 60세부터 남아 있는 삶 3,650일
- 65세부터 남아 있는 삶 1,825일
- 70세부터 남아 있는 삶 0일

내가 어제 걸어서 퇴근한 걸음 수는 2만 보다. 현재 스무 살이라고 할지라도 내 걸음 수보다 적은 날이 당신의 인생에 남았다. 우린 더욱 현재 삶에 집중해야 한다. 후회하기에는 너무나 짧은 인생이다.

'현전일념', 눈앞의 순간에 충실하기

P는 전업 작가지만 인세보다는 강연이나 글쓰기 수업이 주 수입원이다. 아직은 꾸준히 일을 하고 있지만 수업이나 강연 일정은 고정적이지 않았다. 갑자기 일이 끊긴다면 한두 달이야 어떻게든 버티겠지만 수개월 동안 일이 없으면 당장 먹고사는 데 문제가 생긴다. P는 언젠가 그런 일이 벌어질 상황에 대비했다.

사실, P는 크게 불안해 보이지 않았다. P는 불안할수록 노력해서 자신에게 주어진 하루에 최선을 다한다고 한다. 그래야 후회가 적고 덜 불안하다 덧붙였다. 최선을 다해 오늘을 살아내고 내일도 최선을 다하고 그렇게 살다 보면 정신없이 한해가 지난다고. 열심히 살다 보면 불안할 틈이 없다며 웃는 그의 모습에 나는 몰입이 불안을 이겨내는 요소라고 다시금 깨달았다.

현재에 몰입하는 방법은 걱정을 해결할 가장 실천적인 방법이다. 현재에 충실하게 해주기 때문에 잡생각이 사라지고 걱정 또한 사라진다. 현재에 몰입하는 능력은 걱정을 멀리하는 능력인데 준비운동이 필요하다. 바로 습관이다. 공연하는 가수나 경기를 이끌어가는 스포츠 선수는 지금 상황에 몰입하는 능력이 대단하다. 그들은 마치 그 순간만을 위해 살아가는 사람처럼 느껴진다.

몰입은 최고가 될 기회를 준다. 투수가 마운드에서 조금 전 실수로 인해 공 던지기를 망설인다면 아나운서는 이렇게 말할 것이다.

"이런, 투수가 실수를 잊지 못해 제구를 못 하고 있네요."

현재에 집중하지 못한다면 우리는 마운드에서 같은 실수를 반복하게 된다.

앞서 우리는 1초를 느껴보는 실험을 해봤다. 나는 1초를 느낄 때 평안하다. 1초라는 순간만을 느끼고 있으니까. 하루는 누구에게나 24시간이다. 분으로 하면 1,440분이다. 초로 하면 86,400초이다. 1초를 충실히 느꼈던 실험처럼 흘러가는 하루를 온전히 느껴보길 바란다. 그렇게 과거와 미래를 벗어나 현재를 살면 습관이라는 포인트가 차곡차곡 쌓여 힘들이거나 애쓰지 않아도 지금 순간에 집중한다. 불안할 틈 없이 '현전일념'하며 하루를 살길 바란다.

당신에게 1초가 남았다면

익숙해서 보지 못하는 게 있다. 늘 스치는 출근길이나 몸에 익은 행동은 의식하지 않고 지나간다. 그런데 걱정만큼은 이상할 정도로 낯설게 보인다. 늘 같은 자리에 있고 당장 해결할 수 없는데도 말이다. 걱정처럼 삶을 낯설게 본다면 어떨까? 익숙함에 잊고 있던 '살아 있다는 고마움'을 마음 깊이에서 끌어낸다. 매 순간 느끼는 고마움을 낯설게 본다면 감정이 크게 와닿는다. 단 1초도 의외로 길게 느껴진다.

삶이 끝나는 시점에서 1초라는 시간이 주어진다면 마지막 1초는 굉장히 낯설게 보일 것이다. 물론 1초 안에 가능한 행동이 그리 많지는 않아 보인다. 하지만 오랫동안 마음을 전하지 못한 부모님께 "사랑합니다"라고 말한다면 그 짧은 1초는 지난 몇십 년 동안 쌓인 고마움을 표현한 위대한 순간이다.

삶은 계속되고 우리에겐 수많은 1초가 남아 있다. 그 귀중한 시간을 걱정으로 사용하지 말고 행복을 낯설게 느껴보자.

- 늘 같은 자리에 서서 설거지하는 당신을 바라보는 1초
- 잔소리에 사랑을 담아내는 당신과 함께하는 1초
- 작은 선물 하나에 함박웃음 짓는 당신을 바라보는 1초
- 달콤한 케이크 한 조각에 기뻐하는 당신과 마주한 1초
- 현관문을 열고 들어오는 나를 반기는 당신과 마주한 1초
- 나의 일방적인 수다에도 경청하는 당신과 함께하는 1초
- 쑥스러워하며 겨우 내뱉은 고맙다는 말 한마디에 붉어지는 당신과 마주한 1초
- 별일 아닌 일로 심술궂게 낸 신경질에도 온화하게 나를 바라보던 당신의 눈빛을 마주한 1초
- 늘 괜찮다며 좋은 게 있으면 무조건 나부터 챙기는 당신의 따뜻한 손을 맞잡은 1초

행복한 순간을 낯설게 1초 안에 담아본다.

걱정을 대신할 취미 찾기

취미라고 하면 어쩐지 역동적이고 그럴듯한 무언가가 떠오른다. SNS에 올라오는 사람들 취미를 보면 내가 가진 취미가 참 보잘것없어 보인다. 하지만 취미의 사전적 의미가 뭔가? 즐기기 위해서 하는 일이자 감흥을 느끼어 마음이 당기는 멋이라는 뜻이다. 마음이 끌려 감흥을 느낀다면 아무리 작고 하찮은 일이라도 즐기는 취미가 된다. 매일 저녁 가볍게 산책할 때 즐거운 마음이 든다면 그게 바로 취미다.

음료수 다섯 병을 마시는 것도 취미

100조 이상을 가진 부자라고 상상해본다면 어떤 취미를 가지고 싶은가? 초호화 유람선을 이끌고 태평양으로 나가 고급 와인을 터트리면서 신나는 파티를 열까? 아니면 전용기를 타고 유럽으로 날아가 하룻밤 수천만 원 하는 5성급 호텔 스위트룸에서 호캉스를 해야 할까?

그런데 실제 100조 원 이상을 가진 미국인 부자는 취미가 참 검소하다. '전 세계인에게 콜라를 사주고 싶어요'라는 음악을 만들어 우쿨렐레로 연주하고 노래한다. 그리고 하루에 코카콜라 다섯 병을 마시며 휴식을 취한다. 바로 그는 '투자의 귀재' 버크셔 해서웨이의 회장 워런 버핏이다. 버핏의 우쿨렐레와 코카콜라 사랑은 유명하다.

건강을 해치는 취미 걱정

여기 취미가 걱정인 사람이 있다. 이력서를 쓸 때도 취미란에 '걱정'이라고 써야 할 정도다. 걱정이 취미가 된 이유를 들어보면 이렇다.

"어느 날 걱정이란 손님이 찾아왔어. 그런데 낯선 손님이 어느새 마음의 주인이 됐어. 농담처럼 말하는 취미가 걱정이라는 표현이 현실이 된 거지."

걱정은 우쿨렐레보다 훨씬 더 강렬한 중독성을 지녔다. 한번 시작하면 헤어 나오지 못한다. 마치 약물 중독처럼 말이다. 그러다 보면 걱정도 어느새 삶의 일부가 되고 가끔은 걱정해야 편하다. 걱정을 안 하면 뭔가 어색한 생각이 드는 게 바로 걱정이 취미인 사람이다.

걱정이 취미가 되면 우리 몸에는 어떤 일이 벌어질까? 걱정은 스트레스 호르몬을 분비한다. 심박수와 호흡 속도가 빨라지고 혈당이 높아지며 팔다리로 피가 더 많이 간다. 시간이 지남에 따라 심장, 혈관, 근육 등에 영향을 미친다. 걱정은 어깨와 목 근육을 긴장하게 만든다. 이에 기인하여 편두통이나 긴장성두통이 생길 수 있다. 걱정을 많이 하면 자신도 모르게 숨을 더 깊게 쉬거나 더 자주 쉰다. 보통은 큰 문제가 아니지만, 천식이나 폐질환처럼 호흡기 관련 문제가 있으면 심각한 영향을 미칠 가능성을 지녔다. 걱정은 신체 면역력도 떨어트리고 스트레스 호르몬을 생성해 혈당을 높이기도 한다. 심장 질환, 뇌졸중, 신장 질환으로 이어져 건강에 악영향을 끼칠 수 있는 것이 바로 걱정이다.

그렇다면 걱정이란 취미와 헤어지는 방법은 무엇일까? 바로 진짜 취미를 찾는 행동이다. 《데일 카네기 자기관리론》에서 정신은 진공 상태에 가깝다고 표현한다. 텅 빈 곳이기에 밀려드는 감정으로 채워진다. 이때 공간을 채우는 감정이 부정적인 감정이라면 어떻게 될까? 이에 관하여 《데일 카네기 자기관리론》은 말한다.

'부정적인 감정은 마음속에서 평화롭고 행복한 생각과 느낌을 몰아내 버린다. 걱정을 치료하는 방법은 건설적인 일에 몰두하는 것이다.'

정신 내부는 건설적인 일로 채워야 한다. 몰입해서 열심히 일할 때 인간의 정신은 위험에 빠지지 않는다. 위험에 빠지는 시기는 바로 그 일을 마치고 난 다음이다. 지나치게 한가하면 진공 상태에 걱정이 스며든다. 그래서 일이 아닌 취미로 몸을 움직이는 능력이 필요하다.

몸을 움직이는 취미의 장점

어떤 취미를 가지면 좋을까? 걱정의 가장 좋은 해독제는 운동이다.

몸을 움직이는 모든 운동이 그렇다. 격렬히 샌드백을 두드리는 운동부터 가볍게 동네 주변을 걷는 산책도 좋다. 무엇을 하든 일단 운동하면 정신이 맑아진다.

김동현 판사는 로스쿨에 들어간 뒤 간단한 안과 시술을 받던 중 의료 사고로 인해 양쪽 시력을 모두 잃었다. 시각 장애인이 되었다는 사실을 받아들일 수 없어 좌절과 분노의 시간을 보내던 그는 어머니의 권유로 절에 가서 매일 3천 배, 한 달 동안 9만 배를 했다.

처음에는 열 시간이 넘게 걸렸으나 하루하루가 지날수록 시간은 조금씩 줄어들었다. 간절히 바라면 시력이 회복된다는 마음으로 9만 배를 마쳤다. 하지만 눈은 여전히 그대로였다.

김동현 판사는 주지 스님에게 결국 눈을 뜨지 못했다고 말했다. 그때 스님은 이렇게 답했다.

"육체의 눈은 안 떠졌지만, 마음의 눈은 떠지지 않았습니까."

순간 김동현 판사는 깊은 깨달음을 얻고 속세로 내려와 재활에 힘썼다. 그는 변호사 시험에 합격해 현재 수원지법에서 국내 시각 장애인 판사 2호로 살아간다. 절이라는 행동을 통해 그는 절망과 분노를 한 줌씩 덜어내고 나아갈 힘을 얻은 게 아니었을까?

몸과 마음은 연결되어 있다. 나쁜 일이 생기면 두통에 시달리고 가슴이 답답해진다. 이럴 때는 긴장을 풀고 근육을 이완하는 방법만으로도 마음에 품은 고통이 덜어진다.

스트레스나 걱정으로 머리가 복잡해지면 몸을 움직이자. 불안이 나를 지배하기 전에 밖으로 나가서 걷는다. 나는 걱정이 밀려오면 옷장 정리를 한다. 한 벌 한 벌 옷을 개다 보면 어느새 머리가 맑아진다.

몸을 쓰면 새로운 생각과 행동이 진공 상태인 정신을 채운다. 그리고 곧 걱정은 무뎌진다. 취미가 걱정인 사람은 근육을 사용해 우리를 지배한 가짜 취미를 밀어내보길 바란다.

인생을 누리다

지치고 힘든 퇴근길에 오래전 좋아했던 노래가 떠올라 듣다 보면 마음이 환기된다. 우리는 힘들 때 좋았던 기억을 떠올린다. 지금은 힘들지만, 과거 설렜던 어떤 날처럼 다시 행복한 일이 생길 거라는 막연한 믿음이 생기면 스트레스를 견디는 지구력이 좋아진다. 꼭 거창한 추억이 아니라도 괜찮다. 강아지 발바닥을 만지며 보드라운 촉감을 느끼던 소소하고 행복했던 순간이면 충분하다.

비극적인 삶도 희극으로

1997년 개봉작 〈인생은 아름다워〉는 희극과 비극이 어우러진 영화이다. 영화 속 주인공 아버지 귀도와 아들 조슈아는 독일의 유대인 학살 정책에 의해 수용소로 끌려간다. 수용소에서 귀도는 겁먹은 아들에게 이렇게 속삭인다.

"이곳에 들어온 건 일종의 게임과 같단다. 1,000점을 먼저 따는 우승자는 진짜 탱크가 생기지."

어릴 때부터 탱크 장난감을 좋아하던 조슈아는 아버지가 해준 말을 철석같이 믿어 집에 가고 싶다고 떼쓰지도 않고, 배고프다고 조르지 않으며 점수를 쌓아간다. 참혹한 수용소생활도 아이는 놀이터에서 놀듯 즐긴다. 심지어 아버지 귀도가 죽음을 향해 가는 순간조차도 말이다. 어른이 된 조슈아가 내레이션하며 영화는 끝난다. 아버지가 죽음 직전 자신에게 최고의 선물을 주었다고 전하는 조슈아의 말에 눈물 흘리지 않은 관객이 있었을까? 아들을 위해 비극으로 가득 찬 수용소를 희극으로 만든 아버지. 불안으로 가득 찬 상황을 위로하고 희망을 주고자 했던 아버지의 사랑은 시대를 초월해 여전히 감동을 전한다.

불안과 걱정 심지어 죽음이 맞닿은 공간을 희극으로 만든 아버지가 전한 사랑은 일상에서 우리가 놓치는 삶의 아름다움과 긍정의 가치를 일깨운다. 우리는 평화로운 세상에 살아서 살아 있다는 사실이 얼마나 고마운지 놓치고 있는 게 아닐까?

향유하는 능력을 키우는 세 가지

'향유'의 사전적 의미는 '누리어 가짐'이라는 뜻이다. 오늘 인생을 얼마나 누리며 살았는가? 바쁘고 고단한 일상을 향유하기에 현실은 녹록지 않지만, 그럼에도 우리는 인생을 누린다.

힘들 때 즐거웠던 기억을 떠올리는 사람은 스트레스를 이겨내는 힘이 강하다. 당장 힘들어도 결국 언젠가는 좋은 날이 올 거라는 믿음이 있기 때문이다. 행복한 순간을 음미하는 건 식사와 같다. 급하게 음식을 삼키며 먹으면 무슨 맛인지 모르지만, 천천히 눈앞에 놓인 음식을 씹어 삼키면 재료가 지닌 맛이 하나하나 느껴진다. 추억도 마찬가지다. 행복했던 순간을 천천히 음미하듯 떠올리면 기분이 좋아진다. 그날 느껴지던 날씨, 함께 있던 사람, 볼을 스치던 바람, 가슴이 벅차올랐던 기분까지. 좋았던 과거를 천천히 되새기면 실제로 뇌의 보상 회로가 작동해 삶을 더 긍정적이고 행복하게 만든다.

삶에는 걱정만큼 즐거움도 많다. 그런데 우리는 즐거움보다 걱정에 초점을 맞춘다. 그렇게 되면 즐거운 일이 생겨도 그 순간을 마음껏 누리기 힘들다. 거기다 즐거움을 온전히 느끼지 못하고 굳이 SNS에서 본 타인의 즐거움과 나를 비교해 초라함을 느낀다. 긍정적인 경험이 아무리 도움이 된다고 해도 타인과의 비교 앞에서는 효과를 발휘하기가 쉽지 않다.

그렇다면 어떻게 지금 순간을 누려야 할까? 세 가지를 기억하면 된다.

첫째, 타인과 비교하지 말고 남의 시선으로부터 자유로워지기

남의 평가에서 자유로운 사람이 얼마나 될까? 남들과 나를 비교하면서 자꾸만 위축될 때가 있다. 인정욕구 역시 마찬가지다. 가까운 사람의 한마디나, 일면식도 없는 사람이 단 댓글까지 신경 쓰인다. 나는 조언이라는 탈을 쓰고 들어온 평가에 속수무책으로 휘둘릴 때 깨달았다. 다른 사람에게 인정받기를 원하는 욕구와 평가로부터 거리를 둬야 즐거움이 늘어난다.

둘째, 지금 순간에 몰입하기

왜 오늘을 사는데 어제와 내일을 생각하느라 하루가 다 가는 걸까? 지금에 집중해야 느끼는 기쁨이 있다. 드라이브할 땐 창밖의 풍경에 집중하고, 꽃놀이에 가면 시각, 청각, 후각, 촉각을 동원해 순간을 즐긴다. 좋은 기억을 음미하기 위해서는 현재에 집중하는 연습이 필요하다. '인증 사진'도 좋지만, 즐거운 상황에 집중해 기억과 감정으로 인생을 만끽한 추억을 남겨보자.

셋째, 삶의 긍정적인 면에 집중하기

성취감이란 뭘까? 목적한 바를 달성했을 때 느끼는 짜릿한 기분을 느껴본 사람이라면 안다, 실패에서도 배울 점이 있다는 것을. 매번 모든 일이 성공하지는 않는다. 잘 풀리는 일도 있고 생각지도 못한 벽에 부딪히기도 한다. 실패만 하는 사람은 없다. 적은 노력이라도 결실을 보았던 상황을 떠올리면 긍정성이 올라간다. 엘리베이터 없는 5층 사무실에 핸드폰을 두고 왔다고 하자. 짜증 내는 사람도 있겠지만 이참에 운동한다며 웃어넘기는 사람도 있다. 짜증 내는 사람에서 웃어넘기는 사람으로 변해보자.

긍정 경험 떠올리기

어릴 적 나에겐 개발자와 작가라는 꿈이 있었다. 그 꿈은 한 번도 변하지 않았다. 그런데 두 직업은 아주 다른 길이었고, 실현 가능성이 크고 안정적인 직업인 개발자를 택했다. 어렵게 IT 회사에 첫 출근을 했을 때 150만 원이 채 안 되는 월급을 받았다. 월급은 적었지만 꿈을 성취해 행복했다. 그리고 2021년 종이책을 처음 출간했을 때는 행복을 넘어 황홀할 지경이었다. 첫 책을 보러 광화문 교보문고에 매일 들렀다. 그때를 떠올리면 지금도 미소가 지어진다.

더 어릴 때는 작은 일에도 행복을 느꼈다. 수능을 치르고 난 후 맞이한 크리스마스이브였다. 교회에서 크리스마스 당일 무대에 올릴 연극을 준비하면서 친구들과 밤새도록 연습과 게임을 하며 하루를 지새웠다. 연극을 무사히 마무리하고 목사님이 사주신 돼지갈비를 먹을 때 느꼈던 행복한 감정은 이루 말할 수 없이 컸다. 즐거움이 나를 휘감았던 순간 창밖으로 내리던 하얀 눈송이가 마음을 더욱 설레게 했다. 지금도 행복한 기억을 적는 중인 나의 입가에는 미소가 번진다. 행복했던 순간을 떠올리면 소소한 일일지라도 기분이 좋아진다. 이렇게 행복한 경험을 하고 떠올리는 것이 '긍정 경험'이다.

그런데 긍정 경험을 아무리 해도 답답한 현실에 걱정만 떠오르는 시기가 있다. 물가는 늘 월급보다 오르고 주식은 내가 사면 폭락한다. 눈 딱 감고 주식을 팔면 갑자기 폭등하고 전세금은 자꾸만 오른다. 현실적인 고민에 발목을 잡히면 우리는 긍정적인 생각을 떠올릴 에너지가 소진된다. 그런 우리에게 에이브러햄 링컨은 늘 긍정적으로 세상을 바라보라고 조언한다.

"우리를 행복하게 만드는 것은 우리를 둘러싼 환경이나 조건이 아니다. 늘 긍정적으로 세상을 바라보며 아주 작은 것에서부터 행복을 찾아내는 자기 생각이다."

집에는 가훈이 있고 학교에는 급훈이 있다. 성인이 된 나는 가훈과 급훈을 대신할 인생 단어를 찾았다. 인생이나 사물을 밝고 희망적으로 본다는 뜻의 '낙관'이다. 늘 실천하는 건 아니지만, 힘들고 괴로운 순간에 인생 단어인 낙관을 꺼낸다. 실패하더라도 교훈을 얻었으니, 잘 마무리됐다고 나를 달랜다.

처음엔 실패의 끝을 낙관으로 바라보지 못했다. 실패에 휩쓸려 삶을 부정적으로 보았다. '낙관'을 품고 지킬 수 있었던 건 긍정 경험 덕분이다. 원하는 직업을 얻었고, 꾸준한 노력으로 결국 작가가 되었다. 어린 시절 해낸 소소하고 소박한 성취들 역시 나에게 도움을 주었다. 부정적인 눈보다 긍정적인 눈으로 세상을 보려 한다. 실패에서만 배울 지혜가 있기에 실패가 두렵더라도 새롭게 도전한다.

배울 게 없는 실패란 없다. 같은 일을 당하지 않기 위해서 주의해야 할 부분을 찾는 과정까지 모두 경험이다. 잊지 말아야 할 하나는 즐겁고 행복했던 긍정 경험이 늘 내 삶에 있었다는 사실이다.

누리는 삶

삶을 누리며 살기 위해 당장 시작할 방법을 소개한다. 준비물은 손에서 놓지 않는 스마트폰이면 충분하다. 바로 추억여행을 떠나자.

스마트폰을 이용하면서 일상을 촬영하는 데이터양이 기하급수적으로 늘어났다. 내 스마트폰 용량만 해도 512GB이다. 때로는 노트북에 비해 용량이 크다. 그 덕분인지 스마트폰에는 10년 전 사진부터 어제 찍은 사진까지 일상을 기록한 파일이 가득하다.

스마트폰 갤러리 앱을 실행해 제일 오래된 사진부터 하나씩 살펴본다. 입가에 미소가 번지는 사진과 영상이 있다면 따로 폴더를 만들어 옮긴다. 그렇게 몇 시간 동안 추억 여행을 다녀오면 '추억 여행 폴더'에는 수백 개의 행복하고 설레는 순간이 모인다.

그다음 가볍게 유튜브 쇼츠를 보듯 사진과 영상을 넘기면서 행복했던 과거를 느끼자. 과거와 현재 그리고 미래까지 삶이 주는 평범한 순간을 즐기는 사람은 인생의 진정한 기쁨을 누릴 수 있다.

걱정을 더는 마음의 조깅, 웃음

즐겁지 않아도 웃으면 즐거워진다. 행복한 상황에 웃는 근육을 쓰기에 일단 웃으면 뇌가 행복한 상황이라고 착각한다. 긴장하거나 걱정에 시달릴 때 일단 웃어보자. 그러면 딱딱하게 경직되었던 마음이 한결 편해진다.

웃지 않는 이유

초등학생이었던 나에겐 또래 친구에게는 없는 아주 특별한 장난감이 하나 있었다. 바로 필름 카메라다. 그중에서도 아버지께 선물받은 '삼성 케녹스'는 장난감이라고 하기엔 정말 귀한 보물 1호였다. 비록 초등학교 학생에겐 고가의 물건이었지만 나는 개의치 않고 여기저기 돌아다니며 카메라로 닥치는 대로 사진을 찍었다. 사진 스물네 장을 찍는 코닥 필름을 끼워 넣고, 마당부터 동네 골목까지 보이는 풍경을 담아내느라 필름을 썼다. 동네 사진관에서 현상해야만 했던 필름 카메라가 내놓는 결과물은 꽤 만족스러웠다. 대충 찍어도 아날로그 감성이 가득한 사진을 만들어주었다.

그때 찍은 필름 사진을 구경하다가 흥미로운 점을 발견했다. 사진 속 사람들의 표정이다. 마치 약속이나 한 듯 모두가 무표정했다. 초등학교 입학식에서 찍은 가족사진에는 웃는 사람이 한 명도 없었다. 학교 소풍으로 간 놀이공원에서 찍은 우리 반 단체 사진에도 모두가 혼이라도 난 듯 다 함께 찌푸린 얼굴이었다. 왜 다들 그런 표정을 짓고 있었을까?

1830년대에는 사진 한 장을 찍으려면 기술적인 문제로 약 10분 동안 가만히 표정을 유지해야 했다. 그래서 얼굴 근육이나 자세를 유지하기가 힘들어 정적인 동작에 무표정한 얼굴로 사진을 찍었다. 1880년대 후반에는 휴대용 필름 사진기 덕분에 순간을 포착하는 기술이 생겼지만, 여전히 웃는 사진은 찾아보기가 힘들었다. 그 이유는 초상화를 그릴 때 남아 있던 문화 때문이었다. 초상화를 그릴 때 근엄한 표정이 기본이었고 웃는 초상화는 천한 분위기로 여겼다고 전해진다.

1913년 코닥에서는 행복하고 즐거운 순간에 사진이 함께한다고 인식시키기 위한 광고를 만든다. 행복한 얼굴을 한 여성이 사진기를 든 광고였다. 미국 전역을 뒤덮은 광고 덕분에 사진은 웃으며 찍는다는 인식이 생겼다.

미국에서는 1913년부터 웃으며 사진을 찍었는데, 1990년대 우리 가족과 친구들은 왜 무표정하게 사진을 찍었을까? 어렵고 가난한 시기라 그랬을까? 종종 찾아보는 그리운 필름 사진 속 가족과 친구가 웃고 있었더라면 얼마나 좋을지 상상해본다. 그럼 지금은 잘 웃으면서 생활하고 있을까? 오늘 얼마나 웃었나 떠올리니, 다섯 번도 되지 않았다. 오늘은 웃기라도 했지 하루에 한 번도 웃지 않는 날도 있다.

아이는 생후 2~3개월 후부터 자주 웃으며 하루 평균 400번 이상 웃는다. 그러다가 6세가 되면 하루 300번 정도 웃고, 성인이 되면서 차츰 웃음을 잃어버린다. 평균적으로 성인은 하루에 몇 번 웃을까? 분명한 사실은 아이보다 성인이 덜 웃는다는 점이다.

사진 속 과거를 웃게 만들 수는 없지만, 현재의 나는 언제든 웃을 수 있다. 웃음은 언어, 문화, 국적을 초월하는 만국 공통의 언어로 경계를 허문다. 그래서 신이 주신 가장 크고 아름다운 선물로 불린다. 하루 종일 업무에 시달리다 퇴근 후 집에 가서 취향에 맞는 재미있는 유튜브 영상을 한 편 시청하면 기분이 풀린다.

강력한 웃음이라는 도구는 심지어 무료다. 웃지 않을 이유가 없다. 지금 당장 거울 앞에 서서 웃어본다. 뇌는 즐거워서 웃는지, 웃어서 즐거운지 모른다고 한다. 미소 지으면 뇌는 즐거워하고 있다고 판단해 긍정적인 감정과 호르몬을 분비한다. 그러니 오늘도 일단 웃고 시작하자.

거울은 먼저 웃지 않는다

작가 가네히라 케노스케가 쓴 수필집 《거울은 먼저 웃지 않는다》에는 만담가 우쓰미 케이코의 이야기가 나온다. 불행한 유년 시절을 보내느라 항상 우울한 표정으로 살던 우쓰미 케이코에게 아버지는 이렇게 말한다.

"우쓰미, 내가 웃으면 거울이 웃는다."

그 말을 새겨들은 우쓰미는 좌우명으로 삼았고 결국 다른 사람에게 웃음을 주는 만담가가 된다.

거울은 보이는 그대로 나를 비춘다. 찡그리면 찡그린 상태로 웃으며 웃는 모습대로, 눈물을 흘리면 거울도 함께 운다. 거울은 웃음을 끌어내는 좋은 도구다. 거울을 보며 웃으면 감정을 관장하는 신체 일부가 반응한다. 자주 웃는 표정을 짓기만 해도 호르몬 분비로 기분 좋은 감정 상태가 된다.

그렇다면 거울을 보며 억지로 미소 짓는 웃음도 효과가 있을까? 미국 인디애나주 메모리얼 병원 연구팀은 15초 동안 크게 웃기만 해도 엔도르핀과 면역 세포가 활성화되어 수명이 이틀 연장된다는 논문을 발표했다. 18년간 웃음의 의학적 효과를 연구해온 미국의 리버트 박사는 웃는 사람의 혈액을 분석해 바이러스나 암세포를 공격하는 NK세포(면역 세포)가 활성화돼 있다는 사실을 밝혀냈다. 또 일본 오사카대학교 대학원 신경기능학 팀에서는 연구를 통해 웃으면 병균을 막는 항체인 감마 인터페론의 분비가 증가해 바이러스에 맞선 저항력이 향상되며 세포 조직 증식에도 도움 된다는 결과를 얻었다.

억지로라도 웃으면 긍정적인 효과가 생긴다. 이를 뒷받침해주는 증거로 '안면 피드백'이라고도 불리는 가설이 있다. '기분이 좋아서 웃는 게 아니라 웃어서 기분이 좋아질 수 있다'라는 게 이론의 핵심이다.

스탠퍼드대학교의 니콜러스 콜스 박사와 국제 공동연구팀은 과학 저널 〈네이처 인간 행동〉에서 웃는 표정이 사람을 더 행복하게 만들 수 있다는 강력한 증거를 실험을 통해 확인했다고 밝혔다. 연구진은 웃는 사진을 흉내 내거나 입을 일부러 귀 쪽으로 당긴 참가자의 행복 지수가 눈에 띄게 증가한다는 것을 발견했다. 억지로 웃기만 해도 웃음의 효과를 얻는다는 결과다.

뇌는 거짓 웃음도 진짜 웃음과 똑같이 인지한다. 억지로 웃어도 자연스럽게 웃을 때와 90% 정도 같은 효과가 나타난다. 그러니 무턱대고 걱정이 앞설 때 거울을 보고 웃어보자.

마음의 조깅으로 걱정 덜어내기

'한국웃음연구소' 이요셉 소장은 웃음을 감정뿐만 아니라 운동으로 접근한다. 그는 억지로라도 웃으면 즐겁게 웃는 것과 같은 효과를 누린다고 전한다. 웃음이 마음의 조깅이라 불리는 이유는 당장 시작 가능한 매우 쉬운 유산소 운동이기 때문이다.

스탠퍼드대학교의 윌리엄 프라이 박사는 웃을 때 몸속 650개의 근육 중 231개가 움직인다는 연구 결과를 발표했다. 얼굴 근육뿐만 아니라 장기 근육까지 자극되어 달리기할 때처럼 폐 속의 나쁜 공기가 빠져나가고 신선한 공기가 유입돼 심장 박동수가 증가하면서 혈액 순환도 원활해진다. 또한 웃음 연구가인 홀덴에 따르면 1분 동안 크게 웃으면 10분 동안 에어로빅, 달리기, 자전거 타기 등을 한 것과 같은 효과가 나타난다고 한다. 이처럼 웃음은 신체를 건강하게 만든다.

　웃음은 신체뿐만 아니라 걱정에서 오는 불안감 완화에도 도움을 준다. 웃으면 세로토닌, 도파민, 엔도르핀 같은 뇌신경 전달 물질의 분비가 늘어나 뇌 활동이 활발해진다. 이는 불안, 우울, 초조 같은 부적정인 감정을 줄인다. 호주 뉴사우스웨일즈대학교 연구팀이 치매 노인에게 12주간 웃음 치료를 시행했더니 치매로 인한 불안감이 20% 줄었다고 한다.

　앞서 말한 한국웃음연구소 이요셉 소장의 말처럼 웃음을 운동이라고 인식해야 하는 과학적인 이유가 분명하다. 하지만 평생을 무표정으로 살아온 사람이 갑자기 웃으며 살기란 어렵다. 낯 뜨겁다며 마음의 저항이 일어난다. 이럴 땐 웃음도 운동이라고 인식하자. 얼굴 근육을 만드는 운동이라고 생각한다. 처음엔 미소도 힘들겠지만, 헬스를 거듭하면 더 무거운 덤벨을 들 듯 더 크게 웃게 된다.

　인생은 마라톤이다. 완주를 위해 우리는 모두 지금도 열심히 뛴다. 앞만 보고 달리다 보면 숨이 차올라 다리가 풀리고 지쳐 쓰러질지 모른다. 완주하기 위해서는 가볍게 달려서 몸을 다져놔야 한다. 마음도 마찬가지다. 마음의 조깅으로 다져놓자. 인생이라는 긴 레이스의 마지막 순간까지 마음을 지켜내서 위대한 마라톤을 완주하자.

모든 것을 가능하게 하는 힘

　김진 작가는 타인이 지은 미소로 위로받은 경험을 전했다.
　"제 기억 속에 좋게 남아 있는 사람을 떠올리면 열이면 열, 수줍게 웃는 모습입니다."

맞은편에 앉은 사람 표정에 우리는 얼마나 영향을 받을까? 일단 나는 표정을 드러내려고 하지 않지만, 영향은 받는다. 찌푸리고 눈을 부릅뜨고 나를 바라보는 상대방 표정에 압박감을 느끼는 건 당연하다. 웃어도 될 상황이라면 분위기를 풀기 위해서 내가 먼저 미소 짓는다.

미소와 관련된 과거를 돌이켜보면 많은 기억이 떠오른다. 마음에 오랫동안 남은 설레는 추억을 꺼내놓자면 '유치원 시절 선생님의 환한 미소', '초등학교 6학년 때 아침마다 인사해준 짝꿍의 미소', '환하게 웃으며 노래하는 성가대 친구들'이 지은 환한 미소가 떠오른다. 그들의 미소 덕분에 자신감을 얻고 활기찬 추억을 쌓았다.

어떤 면에서 미소는 삶을 바꿔놓는다. 일상에서 찡그린 모습으로 살아간다면 하지 않아도 되는 걱정까지 달라붙는다. 여유롭고 긍정적인 마음으로 미소 짓고 살아간다면 걱정에 유연히 대처하는 힘이 생긴다. 프랑스 소설가 조르쥬 바타이유는 말했다.

"미소는 불가능 속에서 가능함이 솟아오르게 하는 것."

미소와 웃음은 생각보다 힘이 세다. 걱정과 불안을 웃음으로 대처하는 힘을 길러보자.

잠으로 치유하는 걱정

걱정에 시달리는 날, 일단 자고 일어나면 도대체 어제 내가 왜 그랬지 싶은 생각이 든다. 잠은 우리의 생체리듬에 영향을 미친다. 잠이 부족하면 판단력을 담당하는 전두엽 기능이 둔화하고 감정의 경험과 표현을 관장하는 편도체 기능이 활성화된다. 즉, 이성적으로는 걱정하지 않아도 되는 문제에 감정적으로 대응해 자꾸만 불안이 올라오는 상태를 만든다. 이런 경우에는 잠만 제대로 잔다면 걱정이 거짓말처럼 사라진다.

일찍 잠드는 이유

"새 나라의 어린이는 일찍 일어납니다!"

가사만 들어도 절로 흥얼거려지는 어릴 적 즐겨 불렀던 노래의 한 구절이다. 이 노래는 해방된 이듬해에 나왔다. 노래 가사를 지은 윤석

영 선생은 미래의 일꾼인 어린이들이 밝고 희망찬 미래를 이끌며 나아가기를 기대했다. 과거는 일찍 자고 일찍 일어나는 게 미덕인 시대였다. 현대에 와서도 여전히 늦잠 자면 불편한 마음이 드는 이들이 있다. 아침잠을 줄여가며 열심히 살아가는 사람들 사이엔 평소보다 2~3시간 일찍 일어나는 '미라클 모닝'이 유행이다. 우리는 늘 일찍 일어나는 삶을 동경한다.

그런데 의외로 잠에 대한 동경을 품은 사람도 많다. 20세기 초현실주의 화가 살바도르 달리는 말했다.

"선택할 수 있다면, 하루에 두 시간만 활동하고 나머지 스물두 시간은 꿈속에서 보내겠다."

몽롱한 분위기와 기묘하게 흘러내리며 늘어진 시계가 등장하는 그의 작품 '기억의 지속'이 떠오른다. 잠을 좋아하는 화가였기에 이런 작품이 탄생했던 걸까?

나는 잠이 굉장히 좋다. 사고 싶은 걸 다 살 수 있다면 세계에서 가장 편한 침대에 최고급 매트리스를 깔고 그 위에는 오리털 이불을 덮고 싶다. 최적의 온도와 습도로 맞추는 시스템을 방에 설치하고 안락한 수면 환경을 만끽한다면 얼마나 만족스러울까. 거기에 오디오 시스템을 완벽하게 설치해 피아니스트 조성진이 연주하는 '드뷔시 달빛'을 조용하고 잔잔하게 틀어놓는다. 바다가 보이는 한적한 해변의 별장에 나만을 위해서 빈틈없이 세팅한 방을 마련하고 싶다. 창문을 열면 파도 소리가 들리고 바다 내음이 넘어오는 나만의 별장. 치료 삼아 15시간 이상을 잠자는 상상만으로도 행복하다.

직장생활과 글쓰기를 병행하다 보면 간혹 지인들이 잘 시간이 있는지 걱정스레 묻는다. 난 부자가 되면 앞서 말한 꿈을 이루고 싶을 정도로 잠을 좋아한다. 글을 쓰다가도 저녁 12시가 넘으면 컴퓨터를 끄고 잔다. 졸리면 그냥 잔다. 특히 걱정이 많은 날에는 아예 초저녁부터 잠을 청한다. 그럼 무슨 걱정이었는지 생각도 안 날 만큼 새로운 마음으로 아침에 눈이 떠진다.

생명력을 복구하는 잠

잠은 과학적으로 얼마나 중요할까? 건강을 지키기 위한 생명력 보존의 수단이 잠이다. 시카고대학교의 앨런 레치 세픈 박사는 한 가지 실험을 진행했다. 실험용 쥐가 잠들려고 하면 회전하는 턴테이블에 올려 수면을 방해했다. 그 결과 쥐는 3주 만에 죽었다.

캘리포니아대학교 신경과학 교수 매슈 워커 박사 연구팀은 수면 부족은 폭식을 유발해 비만의 한 원인이 된다고 밝혔다. 그 이유는 잠이 부족하면 사고 판단을 담당하는 뇌의 부위인 전두엽 기능이 둔화하고, 원시적인 욕구와 감정이나 동기 등을 관장하는 편도체의 활동이 크게 활성화되어서다.

캘리포니아대학교 버클리 심리학과 산하 '인간 수면 과학 연구소'의 설립자이자 책임자인 맷 워커는 유튜브 테드(TED) 채널에서 '수면은 당신의 초능력입니다'라는 주제로 잠의 중요성을 강연했다. 잠을 충분히 자지 못했을 경우 몸과 뇌에서 벌어지는 일을 알아본 실험에 대한 내용이었다. 잠이 얼마나 중요한지 알고 있던 나는 잠을 못 잔다면 당연히 문제가 생길 거라 예상했고 이는 적중했다. 8시간 이상 충분히 숙면한 그룹에 비해 잠을 자지 못한 그룹의 기억 저장 능력은 40%가량 떨어졌다.

테드 강연자 맷 워커를 비롯하여 시카고대학교의 앨런 레치 세편 박사와 캘리포니아대학교의 매슈 워커 박사까지, 외국에서는 계속해서 잠의 중요성을 말하고 실험을 통해 잠이 인간에게 미치는 큰 영향을 연구해서 결과를 도출했다. 그런데 우리나라는 아직도 잠의 중요성에 대해 크게 말하지 않는다. 입시생을 떠올리면 우리가 얼마나 잠에 대해 야박하게 구는지 보인다. 과거엔 '사당오락'이라며 하루에 4시간을 자고 공부하면 대학 입시에 성공하고 5시간 이상 자면 입시에 실패한다고 잠을 줄이길 강요했다. 이런 사회적 분위기는 여전하다.

하지만 양질의 잠을 제대로 자지 못한다면 생활 전반은 물론 수명에도 영향을 미친다. 하버드대학교 의과대학 연구진이 수면과 죽음 사이의 관계를 풀어내기 위한 실험을 시행했다. 뇌신경 세포인 뉴런을 열에 민감하도록 유전자를 조작한 과일 초파리를 따뜻한 방에서 사육한다. 이때 초파리가 잠들지 못하게 하는 환경을 조성해 불면 실험을 진행했다. 초파리들은 불면 상태가 열흘 이상 지속되면서 폐사율이 급격히 상승해 평균 40일의 수명을 채우지 못하고 20일 안에 죽었다. 죽음과 수면이 얼마나 밀접하게 관련되어 있는지 알려주는 실험이었다.

사람을 괴롭히는 가장 끔찍한 고문 중 하나가 바로 '수면 고문'이다. 강제로 잠을 못 자게 해, 사람을 말려 죽이는 고문의 한 형태다. 스스로 고문하려는 게 아니라면 충분한 수면 시간을 가지자.

잘 자는 방법은?

그렇다면 어떻게 해야 잠을 잘 잘까? 친구 E는 과거 불면에 시달렸었다. 늘 힘들어하는 그에게 수면제를 처방받는 게 어떤지 권했다. 그러자 그가 약을 먹을 정도로 잠을 못 자는 건 아니라며 거절했다. 불면을 이겨내기 위해서 E는 수면의 질을 올리는 방법이라면 모조리 찾았다. 그가 찾아낸 숙면을 위한 1순위는 뭐였을까? 굉장히 쉬운 방법이라 잊고 있던 지침이었다.

"일정한 시간을 정해서 규칙적으로 자고 일어나면서 습관을 만들면 돼."

인간은 습관의 동물이라 불린다. 몸에 익은 습관대로 행동하기 때문이다. 일정한 시간을 정해서 잠자는 습관을 들인다면 규칙적으로 잠들 수 있다. 제법 괜찮은 방법이긴 하다. 문제는 습관을 만들려면 잠을 자야 하는데, 불면에 시달리는 사람에게는 쉽지 않다.

E에게는 습관을 만드는 일 자체가 불가능에 가까웠다. 그래서 그는 수면에 좋다는 방법을 찾아 실행하기 시작했다. 점심시간을 이용해 30분 정도 땀이 날 정도의 운동을 하고, 오후부터는 카페인 섭취를 하지 않았다. 퇴근 후 맥주 마시는 걸 즐겼지만, 수면 습관을 들이는 동안은 금주를 선택했다. 집 근처에 밤늦도록 운영하는 술집이 많아서 커튼을 암막 커튼으로 바꾸고, 잠자리에 들어가기 전 신체를 이완하는 요가를

꾸준히 실천했다. 결과는 어땠을까? E는 결국 불면을 이겨냈다. 불면을 극복할 가장 효과적인 방법 다섯 가지를 정리해보면 다음과 같다.

KEY POINT

- 첫째, 일정한 시간을 정해서 규칙적으로 자고 일어난다.
- 둘째, 오후가 되면 카페인이 든 음료 대신 물을 마신다.
- 셋째, 점심시간을 이용해 땀나도록 운동한다.
- 넷째, 침실을 안락하게 만든다. 특히 소음이 심하다면 잔잔한 명상음악이나 자연의 소리 중 잠이 오는 소리를 골라 튼다.
- 다섯째, 야식과 과식을 피하고 잠들기 전 신체 이완 요가를 한다. 굳이 길게 할 필요는 없다. 5~10분 사이의 요가도 효과를 발휘한다.

불면을 이겨낸 E는 혈색이 몰라보게 좋아졌다. 심지어 짜증도 줄어들고 표정도 밝아졌다. 잠은 뇌에 쌓인 노폐물을 청소하는 시간이다. 수면 과학자들은 생체시계의 영향으로 나이가 들수록 수면의 질이 떨어진다고 한다. 미래에 할 걱정을 예방하는 방법은 노화에 앞서 불면이 생기지 않게 미리 숙면을 위한 습관을 체득하는 것이다.

걱정을 잠시 잊게 하는 축복

평소에 잠을 깊이 자던 사람이 근심과 걱정 때문에 며칠간 제대로 잠을 자지 못하면, 그때 잠의 소중함을 절실히 깨닫는다. 잠은 몸과 마음이 휴식을 취하는 순간이다. 생각하지 않으려고 해도 떠오르는 쓰린 일에 허우적거릴 때도 자고 나면 고통이 어느 정도 희석된다.

흔히 이불 밖은 위험하다고 하는데 위험한 이불 밖으로 나설 힘을 주는 게 수면이다. 수면 시간 동안 육체는 이완하고 뇌는 휴식을 취해 기능을 회복한다. 특히 성장기 아이에게 잠이 부족하다면 성장이 더뎌진다. 양질의 잠이 부족하면 스트레스 호르몬인 코르티솔 분비가 늘어나 면역기능에 문제가 생기거나 비만이 될 가능성도 커진다.

잠은 정신과 육체에 모두 영향을 끼친다. 질 좋은 숙면은 건강식품을 챙겨 먹는 것 이상의 효과가 나타난다. 숙면만으로 건강을 지키다니 이건 축복이 아닐까?

잠을 나만의 방식으로 표현하자면 '잠은 걱정을 잠시 잊게 하는 축복'이다. 삶이 아무리 힘들고 고달파도 잠은 현실을 잠시 잊고 무의식이란 휴식처로 생각을 이동시켜 편안함과 잠깐의 휴식을 준다.

피천득 시인은 천국에 잠이 없다면 그곳이 아무리 아름다워도 가지 않겠다고 말했다. 나 역시 천국에 잠이 없다면 가고 싶지 않다. 잠을 못 자다니, 그곳은 천국을 가장한 지옥이다.

공기처럼 인간 삶에 꼭 필요한 잠을 작품에 녹여 이야기한 작가가 있다. 바로 셰익스피어다. 〈맥베스〉 2막 2장에는 이런 대사가 나온다.

"어디에선가 외쳐대는 소리가 들려오는 것 같았소. '더 이상 잠을 못 잔다! 맥베스는 잠을 죽였다'라고. 저 맑고 깨끗한 잠, 엉클어진 심로의 실타래를 풀어주는 잠, 그날그날 생명의 죽음, 노고를 풀어주는 목욕, 마음의 상처를 치유하는 명약, 대자연이 베풀어주는 제2의 생명,

생명의 향연에 중요한 자양물인 잠을!"

맥베스 부부는 살인을 저지른 대가로 '형편없는 수면'이라는 형벌을 받는다. 대사를 통해 잠을 축복이라 여기는 셰익스피어의 사상이 드러난다. '대자연이 베풀어주는 제2의 생명, 생명의 향연에 중요한 자양물인 잠'이라는 표현이 공감된다. 이처럼 잠은 신이 주는 달콤한 선물이다.

걱정이 너무 많고 불안한 하루였는가? 마음이 힘들고 고독한 하루였는가? 죽고 싶을 만큼 힘든 하루였는가? 이제 걱정은 접고 편히 양질의 잠을 자길 권한다. 자고 일어나면 걱정은 사그라들고 새로운 하루의 해가 뜬다.

디지털 디톡스로 걱정 내려놓기

알림 소리에 놀라 자다가 깬 적이 있는가? 소셜미디어에서 다른 사람들의 완벽해 보이는 삶을 보며 초조해진 경험이 있는가? 부정적인 뉴스 기사를 읽고 나서 온종일 불안한 마음을 떨치지 못한 적이 있는가? 이런 경험이 있다면, 당신은 '디지털 걱정'에 시달리고 있는 것이다.

하루에 120번, 스마트폰을 확인하는 시대

2024년 기준, 평균적인 성인은 하루에 4시간 이상 스마트폰을 한다고 한다. 한 번 볼 때 2분을 소요한다고 하면 하루 120번 이상 스마트폰을 확인하는 것이다. 여기에 컴퓨터와 태블릿 사용 시간까지 더하면 우리는 깨어 있는 시간의 상당 부분을 화면 앞에서 보내고 있다.

디지털 기기의 사용 자체가 문제는 아니다. 문제는 이 기기들이 우리에게 끊임없는 정보와 자극의 홍수를 가져온다는 점이다. 그리고 이 정보의 상당 부분은 우리의 걱정을 자극하도록 설계되어 있다.

뉴스 앱은 클릭을 유도하기 위해 자극적인 헤드라인을 사용한다. 소셜미디어 알고리즘은 감정적 반응을 일으키는 콘텐츠를 우선적으로 보여준다. 이메일, 메시지, 알림은 우리의 주의를 계속해서 분산시킨다. 결과적으로 우리의 뇌는 끊임없이 '위협 감지 모드'에 있게 되고, 이는 만성적인 걱정과 불안으로 이어진다.

개발자의 디지털 중독 고백

사실 나는 평균보다 훨씬 더 많이 디지털 기기에 노출된다. 개발자라는 직업 특성상 하루 8시간 이상을 컴퓨터 모니터 앞에서 보내는데, 업무가 끝난 후에도 습관적으로 스마트폰과 태블릿을 들여다본다.

한번은 호기심에 스크린타임(Screen Time) 앱을 확인해봤는데, 충격적이게도 하루 평균 스마트폰 확인 횟수가 180번을 넘겼다. 업무용 슬랙 메시지, 개인 메신저, 이메일, SNS, 뉴스 앱까지 끊임없이 알림이 울리고 나는 그때마다 즉각 반응했다.

심지어 취미조차 디지털과 연결되어 있었다. 개발 관련 유튜브 영상을 보거나 기술 블로그를 읽는 일이 휴식이라고 생각했으니까. 그러다 문득 깨달았다. 나는 잠자는 시간을 제외하면 거의 모든 시간을 화면을 보며 보내고 있었다. 아침에 눈을 뜨자마자 확인하는 스마트폰, 출근길 지하철에서 보는 뉴스, 회사에서의 코딩 작업, 퇴근 후 소파에 누워 훑어보는 SNS까지.

한 번은 주말 내내 디지털 기기를 멀리하겠다고 결심했다. 하지만 스마트폰 없이 보낸 첫 한 시간은 마치 금단 증상을 겪는 것 같았다. 손가락이 저절로 주머니를 더듬었고, 마음은 계속해서 '혹시 중요한 메시지가 왔을지도 모른다'는 불안감에 시달렸다. 그제야 내가 얼마나 디지털 기기에 의존하고 있었는지 그리고 그것이 내 마음의 평화를 얼마나 방해하고 있었는지 깨달았다.

디지털 기기가 걱정을 증폭시키는 방식

소셜미디어는 '비교의 덫'을 만들어낸다. 인스타그램에서 완벽한 휴가 사진을 올리는 친구, 링크드인에서 승진 소식을 공유하는 동료, 페이스북에서 행복한 가정생활을 자랑하는 지인들을 보면서 우리는 자신의 삶이 부족하다고 느끼게 된다. 회사원 P는 이런 경험을 했다.

"동창회 모임에 가기 전에 SNS에서 친구들 근황을 살펴봤어요. 한 친구는 스타트업 CEO가 되었고, 다른 친구는 유명 외국계 기업에 들어갔더라고요. 모두 승승장구하는 것 같았죠. 그런데 정작 모임에서 만나보니 다들 저처럼 나름의 고민이 있더라고요. SNS에는 성공 스토리만 올라와 있었던 거죠."

중요한 것은 소셜미디어에서 보는 것이 현실의 일부에 불과하다는 점이다. 사람들은 자신의 최고의 순간, 완벽하게 포장된 면만 공유하는 경향이 있다. 그 뒤에 있는 실패, 좌절, 일상의 지루함은 필터링된다. 이런 왜곡된 현실과 자신을 비교하면서 우리는 불필요한 걱정과 자기 의심에 빠진다.

인터넷은 무한한 정보의 바다다. 이것은 축복인 동시에 저주가 될 수 있다. 하루에도 수백만 개의 뉴스 기사, 블로그 포스트, 동영상이 생성되고, 이 모든 것을 소비하는 것은 불가능하다. 그럼에도 우리는 뒤처지지 않으려고 끊임없이 정보를 흡수하려 한다.

소프트웨어 개발자인 나는 이 '정보 과부하'를 몸소 경험했다. 매일 새로운 프로그래밍 언어, 프레임워크, 도구가 등장하고, 이에 뒤처지면 경쟁력을 잃을 것 같은 불안감에 시달렸다. 기술 블로그, 온라인 강의, 오픈소스 프로젝트를 따라가느라 정작 중요한 깊은 학습과 실제 프로젝트에 집중하지 못했다.

항상 연결된 상태의 압박, 스마트폰 덕분에 우리는 언제 어디서나 연결될 수 있게 되었다. 하지만 이것이 우리가 항상 연결되어 있어야 한다는 의미는 아니다. 그럼에도 많은 사람이 메시지에 즉시 응답해야 한다는 압박감을 느낀다. 직장인 K는 이렇게 말한다.

"주말에도 업무 메시지가 오면 바로 확인하고 답하는 습관이 생겼어요. 답하지 않으면 불안하고, 동료들이 저를 게으르다고 생각할까 봐 걱정됐죠. 하지만 이런 습관 때문에 진정한 휴식을 취하지 못했어요."

항상 연결된 상태의 압박은 '심리적 분리'를 어렵게 만든다. 심리적 분리란 일과 사생활 사이에 명확한 경계를 두고, 일이 끝난 후에는 일에 대한 생각에서 벗어나는 것을 말한다. 이 분리가 없으면 스트레스 호르몬이 계속 분비되고, 만성적인 걱정 상태에 빠지게 된다.

디지털 디톡스, 걱정을 줄이는 실천법

디지털 디톡스란 디지털 기기와 온라인 활동을 의도적으로 제한하고, 오프라인 세계와 더 깊게 연결되는 실천을 말한다. 완전한 단절이 아니라, 건강한 균형을 찾는 과정이다.

KEY POINT

- 알림관리: 스마트폰의 모든 알림을 켜두면 온종일 주의가 분산된다. 알림음이 들릴 때마다 우리의 뇌는 '새로운 것이 있다!'라는 신호를 받고, 현재 하는 일에서 벗어나 스마트폰을 확인하게 된다.

필수적이지 않은 알림은 과감히 끄자. 소셜미디어, 게임, 뉴스 앱 등의 알림은 대부분 불필요하다. 정말 중요한 연락(가족, 직장 상사 등)만 알림을 받도록 설정하자.

나는 한 달 동안 실험적으로 모든 알림을 끄고 생활했다. 처음에는 불안했지만, 일주일이 지나자 놀라운 변화가 찾아왔다. 집중력이 향상되고, 불필요한 스마트폰 확인 횟수가 줄었으며, 걱정도 감소했다. 무엇보다 내가 스마트폰을 사용하는 시간을 선택할 수 있게 되었다.

KEY POINT

- 디지털 자유 시간 확보하기: 하루 중 특정 시간을 '디지털 자유 시간'으로 지정해보자. 아침에 일어나서 1시간, 잠들기 전 1시간 또는 식사 시간에 디지털 기기를 멀리하는 것이다.

작가 L은 이런 실천을 통해 삶의 질이 향상되었다고 말한다.

"아침에 일어나자마자 휴대폰을 확인하던 습관을 버리고, 그 대신 창밖을 바라보며 차를 마시는 시간을 가졌어요. 하루를 걱정과 불안으로 시작하는 대신, 평화롭고 감사한 마음으로 시작하게 되었죠."

디지털 자유 시간은 특히 잠들기 전에 중요하다. 블루라이트는 수면 호르몬인 멜라토닌 생성을 방해하고, 자극적인 콘텐츠는 뇌를 각성 상태로 만든다. 잠들기 전 디지털 기기를 멀리하면 수면의 질이 향상되고, 다음 날 걱정과 불안이 줄어든다.

디지털 미니멀리즘 실천하기

디지털 미니멀리즘이란 디지털생활을 단순화하고, 진정으로 가치 있는 것에만 집중하는 철학이다. 실천하는 방법은 다음과 같다.

KEY POINT

- 앱 정리하기: 스마트폰에 설치된 앱 중 일주일 동안 사용하지 않은 것은 과감히 삭제하자. 특히 소셜미디어, 게임, 쇼핑 앱 등 시간을 많이 소비하게 만드는 앱을 줄이자.
- 구독 정리하기: 이메일 뉴스레터, 유튜브 채널, 팟캐스트 등 구독 중인 콘텐츠를 점검하자. 정말 가치 있는 정보를 제공하는 것만 남기고 나머지는 과감히 구독 취소하자.
- 디지털 정리하기: 컴퓨터의 파일, 클라우드 저장소, 이메일함 등

을 정기적으로 정리하자. 디지털 공간의 혼란은 마음의 혼란으로 이어진다.
- 디지털 사바틱 계획하기: '디지털 사바틱'이란 일정 기간 디지털 기기와 인터넷 사용을 의도적으로 중단하는 것을 말한다. 하루, 주말 또는 휴가 기간에 실천할 수 있다.

마케팅 매니저 J는 매달 한 번 '디지털 없는 토요일'을 실천한다.
"처음에는 불안했어요. 중요한 연락을 놓치면 어쩌나 하는 걱정이 컸죠. 하지만 실제로 아무 일도 일어나지 않았어요. 그 대신 오랫동안 미뤄둔 책을 읽고, 공원을 산책하고, 가족과 더 많은 대화를 나눌 수 있었죠. 이제는 그 하루가 한 달 중 가장 기다려지는 날이 되었어요."

디지털 사바틱을 계획할 때는 현실적인 목표를 세우는 것이 중요하다. 처음부터 일주일 동안 모든 디지털 기기를 끊으려 하기보다는, 하루 동안 소셜미디어만 사용하지 않는 것부터 시작해보자.

의식적인 디지털 사용 습관 기르기

디지털 기기를 완전히 피하는 것은 현대 사회에서 현실적이지 않다. 그 대신, 더 의식적으로 사용하는 습관을 기르는 것이 중요하다.

KEY POINT
- 사용 목적 명확히 하기: 스마트폰이나 컴퓨터를 켤 때, "내가 이것

을 사용하는 목적은 무엇인가?"라고 자문해보자. 무의식적인 스크롤링을 줄이고, 목적 지향적인 사용을 늘리자.
- 시간제한 설정하기: 스마트폰의 '스크린타임' 또는 '디지털 웰빙' 기능을 활용해 앱별 사용 시간을 제한하자. 소셜미디어에 하루 30분, 뉴스 앱에 15분 등 구체적인 한도를 정하자.
- 뉴스 소비 제한하기: 하루 중 특정 시간에만 뉴스를 확인하자. 특히 아침 혹은 잠들기 전에는 뉴스를 피하는 것이 좋다. 부정적인 뉴스는 하루를 걱정으로 시작하거나 불안한 상태로 잠들게 만든다.
- '디지털 세계'에서의 자기 돌보기: 팔로우하거나 구독하는 계정이 당신에게 어떤 감정을 주는지 살펴보자. 걱정, 불안, 자기 비하 등 부정적인 감정을 유발하는 계정은 과감히 언팔로우하자.

디지털 디톡스의 장기적 효과

디지털 디톡스를 꾸준히 실천하면 어떤 변화가 생길까?

KEY POINT

- 걱정과 불안 감소: 디지털 기기와 온라인 활동을 줄이면, 걱정과 불안의 원인이 되는 자극적인 콘텐츠, 비교, 정보 과부하 등에 덜 노출된다. 이는 자연스럽게 걱정과 불안 수준을 낮춘다.

디지털 디톡스를 실천한 사람들의 뇌 스캔 연구에 따르면, 스마트폰 사용을 줄인 그룹은 불안과 관련된 뇌 영역의 활동이 감소했다. 또한 스트레스 호르몬인 코르티솔 수치도 낮아진 것으로 나타났다.

KEY POINT

- 깊은 집중력 회복: 끊임없는 알림과 멀티태스킹은 우리의 집중력을 파편화한다. 디지털 디톡스는 '깊은 집중(Deep Focus)'의 상태를 경험할 기회를 제공한다.

작가 칼 뉴포트는 《딥 워크》에서 깊은 집중이 얼마나 귀중한 능력인지 설명한다. 깊은 집중 상태에서는 창의성이 향상되고, 복잡한 문제를 더 효율적으로 해결할 수 있다. 또한 몰입의 기쁨을 경험하면서 걱정이나 불안 같은 부정적인 감정에서 자연스럽게 벗어날 수 있다.

KEY POINT

- 인간관계 강화: 디지털 세계에서 벗어나면, 실제 인간관계에 더 많은 시간과 에너지를 투자할 수 있다. 면 대 면 대화, 함께하는 식사, 직접적인 교류는 소셜미디어를 통한 표면적인 연결보다 훨씬 더 깊은 만족감을 준다.

연구에 따르면, 강한 사회적 유대감은 불안과 우울을 감소시키고 전반적인 행복감을 높인다. 디지털 디톡스는 이런 깊은 연결을 위한 공간과 시간을 만들어준다.

> **KEY POINT**

- 현재 순간에 더 충실해지기: 디지털 기기는 우리의 의식을 현재에서 다른 시간과 공간으로 끊임없이 이동시킨다. 소셜미디어에서는 다른 사람들의 삶을, 뉴스에서는 멀리 떨어진 사건을, 이메일에서는 미래의 일을 생각하게 된다.

디지털 디톡스는 우리를 지금 이 순간, 이 공간으로 데려온다. 심리학자들은 이런 '현재 순간에 충실함'이 행복과 만족감의 핵심 요소라고 말한다. 지금 여기에 온전히 존재할 때, 걱정은 자연스럽게 줄어든다.

디지털 디톡스는 여정이다

디지털 디톡스는 일회성 이벤트가 아니라 지속적인 여정이다. 완벽함을 추구하기보다는, 작은 변화부터 시작해보자. 하룻밤 사이에 모든 습관을 바꾸려 하기보다는, 한 번에 하나씩 변화시켜 나아가자.

처음에는 불편하고 어색할 수 있다. 스마트폰을 확인하는 충동이 강하게 일어날 수 있고, 뭔가 중요한 것을 놓치고 있다는 불안감이 들 수도 있다. 하지만 이는 자연스러운 과정이다. 시간이 지나면서 디지털 기기에 덜 의존하고, 더 많은 평화와 만족감을 경험하게 될 것이다.

디지털 디톡스의 여정에서 중요한 것은 자신을 비난하지 않는 것이다. 계획대로 되지 않는 날도 있을 것이다. 그럴 때는 자신을 용서하고,

다시 시작하면 된다.

 디지털 세계는 우리에게 많은 혜택을 가져다주었지만, 동시에 새로운 형태의 걱정과 불안도 만들어냈다. 디지털 디톡스는 이런 기술과 더 건강한 관계를 맺고, 걱정을 줄이며, 더 충만한 삶을 살기 위한 방법이다. 오늘부터, 작은 변화를 시작해보자.

또 너무 과하게 걱정하고 개서내요 다 잘될 겁니다

PART 05

걱정을 이겨내는
삶의 지혜

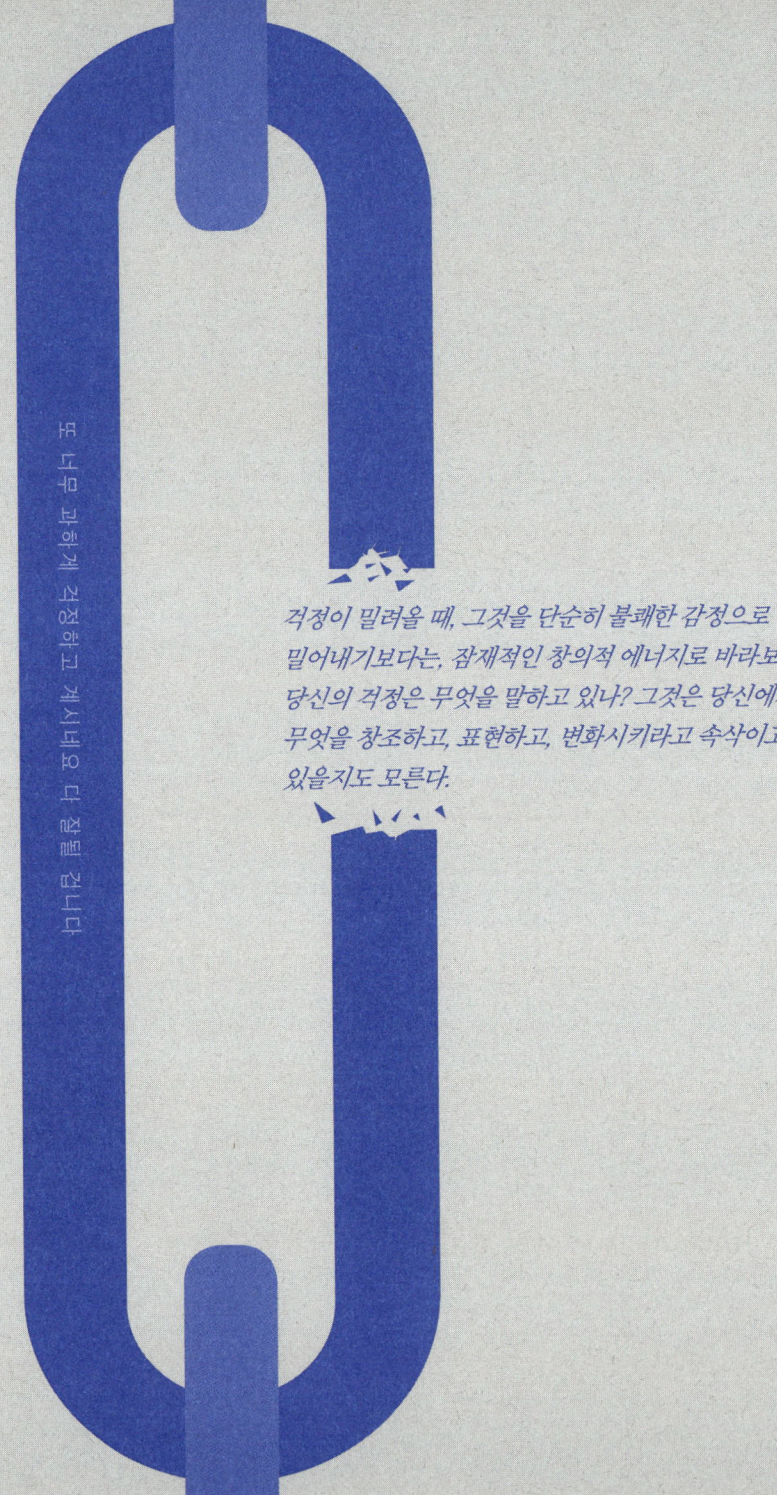

또 너무 과하게 걱정하고 계시네요 다 잘될 겁니다

걱정이 밀려올 때, 그것을 단순히 불쾌한 감정으로 밀어내기보다는, 잠재적인 창의적 에너지로 바라보자. 당신의 걱정은 무엇을 말하고 있나? 그것은 당신에게 무엇을 창조하고, 표현하고, 변화시키라고 속삭이고 있을지도 모른다.

지금도 늦지 않았다

인생을 통틀어 걱정으로 인해 포기한 일이 얼마나 될까? 누구나 한 번쯤 두려움이 앞서서 시작도 못 해본 선택이 있다. 이직을 생각만 한다거나, 연애를 드라마로만 경험한다거나, 알레르기가 없어도 차마 오이를 먹지 못하거나, 이제는 월급을 직접 관리하겠다는 한마디가 어려워 부모님께 여전히 용돈을 받는다. 나에게는 해외여행이 그랬다. 걱정에 파묻힌 새로운 경험을 발굴해 도전할 때 늦은 시기란 없다. 언제라도 괜찮다.

여행을 가지 못하는 걱정쟁이

스페인, 이탈리아, 후쿠오카, 말레이시아, 마카오, 홍콩, 베트남. 일 년에 일곱 곳을 다녀왔다. 하와이와 캘리포니아까지 갈 예정이었지만, 시동도 제대로 걸리지 않는 10년 된 경차를 떠나보내고 새 차를 사야

했기에 일단 마무리했다.

일곱 곳 중 가장 인상 깊은 여행지를 뽑자면 이탈리아 포지타노다. 이곳은 가는 길부터 인상적이었다. 소렌토에서 포지타노로 가기 위해서는 시타(Sita) 버스를 탔다. 바다에 빠질 듯 굽어지는 해안도로를 아슬하게 가던 중 버스가 도로 한가운데 멈췄다. 무슨 일인가 싶어 주변을 둘러봤더니 반대쪽에서 온 버스가 종이 한 장 차이로 비껴간다. 이동부터 예사롭지 않은 도시였다.

그렇게 묘기를 부리듯 도로를 달리던 중 갑자기 탁 트인 아름다운 지중해 바다가 모습을 드러냈다. 버스에 있던 사람들은 일제히 탄성을 질렀다. 순간 미국 소설가 존 스타인벡이 했던 말이 떠올랐다.

"포지타노가 나를 깊숙이 물었고, 호텔 방 작은 발코니에 서면 푸른 바다 너머로 전설의 인어가 감미롭게 노래를 부르는 사이렌 섬이 보인다."

존 스타인벡은 이탈리아 포지타노 바다에서 푸른 바다 너머와 인어의 노랫소리를 눈에 보이는 듯 표현했다. 뱃사람 마음을 빼앗았던 세이렌의 달콤하고 유혹적인 노래처럼 눈이 멀 정도로 아름다운 풍경을 글로 펼쳐냈다.

푸른빛을 머금은 지중해 바다에 왜 존 스타인벡이 마음과 영혼을 뺏겼는지 단박에 깨달은 후 포지타노에 입성했다. 포지타노는 절벽에 세워진 도시다. 알록달록한 색깔을 뽐내는 집들이 절경을 이룬다. 중세시대 영화 속 주인공이 된 기분이 느껴진다. 죽기 전에 꼭 다시 가보고 싶은 마음속 여행지다.

　나는 여행이 두려웠다. 그래서 30대 전까지 해외에 나가본 적이 없다. 심지어 회사에서 보내주는 무료 해외 워크숍도 참석하지 않았다. 이유는 '걱정' 때문이었다. 돈? 시간? 물론 그 부분도 있었지만, 진짜 걱정은 수 시간 동안 앉아서 가야 하는 비행시간 때문이었다. 좀 더 솔직히 말하면 비행기 좌석이 문제였다. '옆에 불쾌한 사람이 앉으면 어쩌지?'라는 단순한 우려였다. 옆자리 승객이 너무 덩치가 커서 내 자리가 비좁을까 봐, 계속 쉬지 않고 떠드는 승객으로 인해 두통이 올까 등 시답지도 않은 근심이었다. 알고 보면 내가 민폐를 끼치고 있을지도 모를 텐데 말이다.

걱정을 용기로 바꾸기

　걱정에 매몰되면 아주 사소한 하나 때문에 대의를 잃고 만다. 바로 나처럼 말이다. 친구들이 긴 방학을 이용해 유럽 일주를 하고 미국 횡단을 하는 동안 나는 그저 동네 산책에 충실했다. 공덕역부터 홍대까지, 공덕역부터 명동까지. 한국에 방문한 외국인 관광객처럼 다녔다. 여행에 관심이 없다면 모르겠지만, 해외여행을 떠나고 싶으면서도 걱정으로 여행을 포기한 20대를 보냈다.

　그러던 어느 날 한 블로거가 쓴 글을 보고 용기를 냈다. 버즈피드에서 일하는 마이크 스포어는 자신이 젊은 시절 하지 못했거나, 덜해서 후회 중인 서른일곱 가지를 소개했다. 시간이 지나서 후회로 남는 일이 있다. 그 일은 지금 할 수 없는 일과 지금도 할 수 있는 일로 나뉜다.

나이가 들면 후회되는 서른일곱 가지

01. 틈날 때 여행하지 않은 것
02. 삼국지를 더 많이 읽지 않은 것
03. 용서를 너무 쉽게 한 것
04. 매운 음식에 도전하지 않은 것
05. 많이 웃지 않은 것
06. 스노보드를 배우지 않은 것
07. 저녁노을을 즐기지 않은 것
08. 공부의 요령을 모른 것
09. 어머니가 하는 잔소리를 못 들은 척한 것
10. 부모님께 사랑한다고 자주 말하지 않은 것
11. 반려견과 매일 산책 하지 않은 것
12. 팬클럽 활동을 하지 않은 것
13. 나와 생각이 다르다고 친구와 멀어진 것
14. 남보다 나에게 박하게 군 것
15. 붕어빵이 천 원에 여섯 개 할 때 더 많이 먹지 않은 것
16. 번지 점프를 하지 않은 것
17. 전 세계를 돌며 미술관 탐방을 하지 않은 것
18. 자전거로 국토횡단을 하지 않은 것
19. 콜라를 너무 자주 마신 것
20. 로션과 크림을 듬뿍 바르지 않은 것

21. 영화관에 더 많이 가지 않은 것
22. 접영을 배우지 않은 것
23. 목공에 도전하지 않은 것
24. 더 많이 고백하고 차여보지 못한 것
25. 비 오는 날 우산 없이 걸어보지 않은 것
26. 나보다 큰 눈사람을 만들지 않은 것
27. 꾸준히 운동하지 않은 것
28. 농활(농촌 활동)을 해보지 않은 것
29. 스케이트를 배우지 않은 것
30. 감사 일기를 쓰지 않은 것
31. 분노를 삭이고 참은 것
32. 선생님의 인생 이야기에 귀 기울이지 않은 것
33. 어설픈 조언으로 도전하는 친구를 막은 것
34. 바다 수영을 배우지 않은 것
35. 부모님과 함께 사진을 찍지 않은 것
36. '적당히'를 몰랐던 것
37. 뭐든 괜찮다며 선택을 남에게 넘긴 것

서른일곱 가지 중 첫 번째가 바로 '틈날 때 여행하지 않은 것'이다. 여행을 떠나는 건 지금 당장 가능하다. 그래서 처음으로 떠날 용기를 냈다.

걱정을 안고 떠난 여행의 교훈

'초심자의 행운인 걸까? 집을 벗어나 낯선 도시 베이징에서 만나는 풍경은 불안을 잊게 하고, 생각지 못한 행운이 쏟아졌다. 걱정보다 혼자만의 시간을 즐기는 여행. 오롯이 내 의지로 걷고, 먹고, 보고, 잔다. 이렇게 나에게만 집중할 수 있다니. 뜻밖의 행운을 제외하고도 여행은 성공적이다. 그리고 다음이 기다려진다. 처음이지만 알 수 있다. 더 이상 나에게 여행은 크나큰 고난이 아니다. 약간 불안하지만 그래도 다음 도전이 기대된다.'

처음 간 여행지는 베이징. 가장 가까운 곳으로 연습 삼아 가고 싶었다. 첫 여행은 성공이었다. 비행기 옆 좌석에는 아무도 안 탔고 예약한 호텔은 무료 업그레이드가 되어서 가장 꼭대기 스위트룸에서 숙박했다. 행운의 연속인 여행이었다. 이후 다시 큰 용기를 냈다. 이번에는 뉴욕이었다. 하지만 미국행 비행기는 지옥 그 자체였다. 10시간이 넘도록 뒤에서 의자를 발로 차는 아이, 옆자리에서 끊임없이 악취를 풍기며 하품하는 낯선 사람 등 그야말로 생지옥이었다. 하지만 이 여행은 인생 최고의 순간이었다. 뉴욕이라는 도시의 문화는 나와 잘 맞았고 그때 관람한 공연, 재즈, 미술은 새로운 문화에 눈을 뜨게 만들어주었다.

가장 끔찍한 이동 시간을 선물한 뉴욕 여행 덕분에 나는 변했다. 이제 돈과 시간만 있으면 무조건 떠난다. 걱정쟁이가 어떻게 이런 급격한 변화를 맞이하게 되었을까? 이유는 '쓴 것이 다하면 단 것이 온다'라는 속담, 즉 '고진감래(苦盡甘來)'의 교훈을 배웠기 때문이다. 장시간 비행은 힘들지만, 도착할 낯선 도시가 기대된다. 어지간한 나라는 뉴욕행 비행시간보다 짧기에 제대로 백신을 맞은 셈 치면 된다.

여전히 비행기를 타기 전에는 걱정이 앞선다. 좌석에 대한 불안감이 큰 이유다. 매번 운이 좋지도 나쁘지도 않았다. 절반의 확률로 편안하거나 불편한 비행이었다. 하지만 불편함과 시련을 견디면 반드시 좋은 일이 기다리고 있다는 확신을 얻게 된 후로 걱정과 동행할 용기가 생겼다.

'인생이 네게 레몬을 주면, 레모네이드를 만들어라.'

이 속담에는 은유적 표현이 있다. '레몬'을 '고난'으로 해석하면 살면서 겪는 어려움이나 장애물을 훌륭하게 극복하라는 의미로 해석된다.

과거에는 걱정이란 레몬 때문에 여행을 떠나지 못했다. 레몬을 차곡차곡 모아서 그때그때 레모네이드로 만들어 마셨다면 여행에 문제가 없었겠지만, 나는 레몬을 어떻게 해야 할지 몰랐다. 걱정이라는 레몬이 생길 때마다 공중에 던지며 저글링을 했다. 레몬이 늘어날수록 저글링은 어려웠고 도저히 멈출 방법이 떠오르지 않았다. 그러다 용기를 내서 저글링을 멈췄다. 그 후 바닥에 떨어진 걱정이라는 레몬을 실행이라는 믹서기 안에 갈아서 시원한 음료를 만들어 들이켰다.

여전히 여행을 떠나기 전이면 겁먹은 마음이 몰려온다. 그럴 땐 레모네이드를 만들어 한잔하는 상상을 하며 긍정을 끌어올린다.

"가는 동안 힘이 조금 들더라도 두근거리는 풍경이 펼쳐질 거야!"
"여행의 설렘에 걱정은 일부일 뿐이지!"
"고생한 에피소드는 항상 좋은 글감이 되더라!"

여행에 대한 불안을 설렘으로 교환하면 된다. 위기 상황에 함께한 사람에게 호감을 느끼는 흔들다리 효과처럼 불안의 공포에서 나오는 아드레날린을 여행 에너지로 사용한다. 그렇게 레몬을 시원한 레모네이드로 조리한다. 걱정을 받아들이고 용기 내서 한 발 내디뎌라. 우려 끝에 배가 되는 즐거움을 경험하자. 걱정이라는 필터가 걷히면 행복이 더 선명히 보인다.

어떤 날은 멈췄던 저글링이 다시 시작된다. 하지만 이제 저글링을 멈추는 방법을 알고 있다.

용기를 북돋아주는 방구석 여행

친구는 닮는다고 했던가. M은 나처럼 걱정이 많아서 여행을 떠나지 못했다. M은 나보다 더 걱정이 많았다. 내가 비행이 불안해서 해외여행을 가지 못했다면, M은 국내 여행조차 힘들어했다.

함께 여행 걱정에 시달리던 동지였던 내가 해외여행을 다니자 그는 내심 부러웠던 모양이다.

"요즘도 책 많이 읽어? 나는 집 밖으로 벗어나는 게 힘들다. 왜 이렇게 걱정이 많은지. 나 같은 사람도 여행할 방법 없을까? 책에 그런 내용은 없어?"

M이 건넨 질문에 두 권의 책이 떠올랐다. 김병수 작가의《겸손한 공감》과 최대호 작가의《보이지 않는 곳에서 애쓰고 있는 너에게》였다. 여행은 새로운 세상을 만나는 황홀한 체험이다. 하지만 시간과 비용이

들고 상황에 따라서는 여행이 힘든 사람도 있다. 나는 여행을 통해 경험한 자유로움과 용기를 친구인 M도 느끼게 해주고 싶었다.

M은 해외여행은커녕 집 밖으로 벗어나는 일도 걱정인 친구였다. 그런 친구가 마음을 환기하는 여행을 하려면 어떻게 해야 할까? 일단 방구석에서도 떠날 수 있는 여행 방법을 꺼내 들었다.

"오늘 바로 떠나는 여행을 알려줄까?"

"에이 그런 게 어디 있어?"

《겸손한 공감》에 소개된 상상을 통해서 여행을 떠나는 방법이었다. 어떻게 해야 친구를 설득할지 고민하다가 친구가 과학적인 논리가 바탕이 되는 걸 좋아한다는 게 떠올렸다. 일단 여행이라는 허들을 낮추기 위해 가만히 누워서도 떠나는 여행이라고 말했다. 나를 빤히 바라보던 M이 고개를 갸웃하며 의심스럽다는 표정을 지었다. 그때 나는 과학을 바탕으로 설명을 시작했다.

"우리 뇌가 종종 상상과 현실을 구분하지 못하는 거 알고 있어? 게임하다가 벌칙으로 레몬즙이 반 이상 채워진 레모네이드를 마신다고 생각해 봐. 갑자기 신맛이 느껴지는 거 같지?"

"그러네. 침이 고인다."

"그게 감정과 강하게 밀착된 이미지가 떠올라서, 더 강한 생리적 반응이 일어나는 거야. 나는 아직도 비행기를 탈 때마다 불안해. 그런 내가 비행기를 타기 전에 두려움이 앞선다는 문장을 읽으면 어떨까? 그냥 글일 뿐이니까 그림이 그려지지 않을 수 있어. 그런데 비행기를 탔을 때 생기는 문제를 그려보는 거지. 상상하는 거야. 그러면 갑자기 불안이 느껴져. 글에 비해 한층 더 이미지를 상상할 때 몸이 격렬하게 반응해."

"아, 그렇구나. 그런데 그게 여행이랑 무슨 상관이야?"

"내 방에서 출발하는 여행이 얼마나 과학적인지 믿어보라는 거야. 일단 넌 어디로 여행을 떠나고 싶어?"

"영국에 가서 축구를 보고 싶어."

"그러면 보고 싶은 팀을 결정하고, 그 팀 홈구장에서 경기를 본다고 생각하자."

"나는 아스널 FC 경기가 보고 싶어."

평소 축구를 좋아하던 M은 다행히 가고 싶은 곳이 있었다. 나는 그에게 아스널 FC 선수가 달리는 사진, 축구를 보는 관객, 경기가 있는 날 풍경, 경기장까지 가는 길, 좋아하는 선수의 사진까지 30장 정도를 모아서 저장하라고 했다. M은 이미 그런 사진을 저장해뒀다며 스마트폰을 보여줬다.

그에게 아스널 FC란 남들이 마시는 아메리카노 같은 존재였다. 기운을 북돋울 때 아스널 FC를 생각하면 용기가 난다고 했다. 그 말을 하는 M의 눈동자는 평소와 다르게 빛났다. 나는 그에게 다음 단계를 설명했다.

"그다음에 아스널 FC 응원가를 떠올리며 사진을 여러 번 반복해서 봐. 눈을 감고 사진 속 경기장에 있다고 상상해. 몰입이 쉽지 않겠지만 계속 반복하다 보면 눈을 감고 여행을 떠날 수 있어. 축구장과 그 안에 관객, 경기를 뛰는 선수들. 설레는 상상으로 마음이 충만해질 거야."

"한번 해볼까. 방구석에서 떠나는 작은 여행 매력적이네. 음…… 좋긴 하다만. 좀 부족한 느낌이야. 다른 방법은 없어?"

직접 실천하려는 의지가 보이는 친구를 위해서 다음 카드를 꺼냈다. 《보이지 않는 곳에서 애쓰고 있는 너에게》에서 찾은 작은 피크닉이었다. 피크닉이라는 단어를 듣자, 친구는 어쩐지 기분이 좋아진다며 웃었다. 마음이 열린 친구에게 나는 재빠르게 물었다.

"피크닉이라고 하면 너는 어떤 모습이 떠올라? 준비물이 필요해 보이지? 그때 떠오르는 모든 물건을 챙길 필요는 없어. 그 대신 디자인이 마음에 드는 접이식 의자와 작은 탁자를 준비해. 기왕이면 스마트폰을 연결할 블루투스 스피커를 챙겨. 그리고 접이식 의자와 작은 탁자를 놓을 햇볕이 잘 드는 곳에 자리 잡는 거야. 잔잔히 음악을 틀어놓아도 될 공간을 선택해. 따뜻한 햇볕이 내리쬐는 곳에서 음악을 들으며 차 한잔 마시는 거야. 목을 타고 넘어가는 음료와 취향에 맞는 음악. 상상만 해도 행복이 막 솟아날걸."

"그거 아주 마음에 든다. 당장 접이식 의자와 탁자를 사야겠어."

친구 M이 지은 미소에 나까지 덩달아 기분이 좋아졌다. 비행기를 타고 먼 나라에 가서 새로운 문화를 느끼는 여행도 좋지만, 집이나 동네에서도 여행 기분은 얼마든지 낼 수 있다. 삶을 작은 여행으로 만드는 방법은 생각보다 쉽고 많다.

돈과 걱정의 상관관계

돈이 많다고 덮어놓고 행복하지는 않다. 하지만 돈이 없다면 마음 쓸 일이 늘어난다. 살아가면서 생기는 고민 중 돈 때문에 벌어지는 문제가 줄면 확실히 걱정거리가 줄어든다. 그러나 감당하지 못할 많은 돈을 가진다면 때로 성취감을 담보로 잡힌다.

돈이 많으면 걱정이 없을까?

과거 일본 출판계에는 작가가 수익을 밝히는 일이 천박하다는 인식이 존재했다. 소설가 모리 히로시는 그런 인식을 깼다. 책을 통해 19년 동안 번 수익에 대해 낱낱이 구체적으로 밝혔다.

"글은 일이다. 쓰면 쓰는 만큼 돈을 번다. 마음은 배반하지만, 돈은 배반하지 않는다."

그는 총 278권의 책을 출간했다. 그리고 약 1,400만 부를 팔았다. 책으로 번 수익은 약 15억 엔이었다. 한국 돈으로 100억이 훌쩍 넘는다. 성실한 스타 작가였기에 벌어들인 대단한 금액이다.

모리 히로시가 글을 쓰게 된 이유는 독특하다. 초등학생 딸이 읽던 추리 소설을 보고 '나도 쓸 수 있을 거 같은데?'라는 생각으로 단번에 소설을 완성했다. 그 후 출판사에 바로 원고를 투고한다. 소설을 탈고하는 데 걸린 시간은 겨우 일주일이었고 출판사에서 연락이 오기 전까지 소설을 네 권 분량이나 더 썼다고 전해진다. 그렇게 출간된 작품이 작가의 데뷔작인《모든 것이 F가 된다》를 포함한 '사이카와 & 모에 시리즈'였다. 그가 소설을 쓴 이유는 간단했다. 용돈을 벌기 위함이었다.

모리 히로시에 비할 순 없지만, 나도 회사에 다니며 인세를 버는 작가다. 그런데 작가가 글로 돈을 버는 건 쉬운 일은 아니다. 한 권의 책이 준비되면 초판은 보통 1,000부를 찍는다. 그리고 인세는 대개 10%다. 책 가격을 17,000원으로 잡고 계산하면 출간한 책 한 권에 약 170만 원 정도를 인세로 번다. 3.3% 소득세도 제외해야 한다. 그럼 1,643,900원이다. 1년에 세 권을 출판하면 1년 수익은 4,931,700원이다. 물론 작가의 인지도에 따라 인세 비율도 다르고 초판 부수도 다르고 중쇄에 따른 금액도 다르다. 하지만 일반적인 작가가 1년에 한 권만을 펴냈다면 직장인이 받는 한 달 월급 정도가 1년 연봉이다.

내가 만약 개발자라는 직업 없이 전업 작가였다면 어땠을까? 지금보다 훨씬 걱정 많은 삶이 예상된다. 생활고에 시달려서 새로운 직장을 알아보고, 수익을 위해 늘 새로운 작품을 써야 한다는 압박감에 시달렸을 듯싶다. 해외여행은 그림의 떡이고, 가장 역할은 하지 못하고,

당장 생활비가 부족해 알바를 구하고 있었을 것이다.

다행히 생활고로부터 나를 보호해줄 직장을 다닌다. 그러나 늘 마음 한쪽에 책으로 많은 돈을 벌고 싶은 욕심이 존재한다. 천정부지로 치솟는 서울 집값을 바라보고 있으면 근로 소득으로 집을 사는 건 어림없어 보여 베스트셀러 작가가 되는 미래를 꿈꾼다.

여기서 궁금증이 생긴다. 돈 많은 작가는 걱정 없이 책을 쓸 수 있을까? 돈이 많은 사람은 모두 걱정 없이 살아갈까? 돈과 걱정이 어떤 상관관계가 있는지 궁금하다.

억만장자가 행복한 이유

"부자는 행복한가요?"

대답은 "예"이다. 세계에서 가장 성공한 억만장자들이 《억만장자 시크릿》을 통해 한 이야기로 정확한 대답은 이렇다.

'억만장자들은 행복할까? 짧게 대답하자면 행복하다. 하지만 당신이 생각하는 이유 때문이 아니다.'

돈이 많아서 무조건 행복한 걸까? 억만장자는 상상 이상으로 돈이 많아서 행복한 게 아닐지 생각했다. 그런데 그들은 단지 돈 때문에 행복한 삶을 사는 게 아니었다. 돈이 있기 전부터 잘 살던 사람이 돈이 몹시 많이 생겼을 때도 행복했다. 돈으로 할 수 있는 일이 늘어나 행복감이 높아졌다. 자주 불행하다고 느끼는 사람에게 많은 돈이 생긴다면 그로 인해 더욱 불행한 일을 겪을 가능성이 크다. 너무 불행한 상황에 갑자기 돈이 생긴다고 무조건 행복이 찾아온다는 생각은 망상에 불과하다. 《억만장자 시크릿》은 이렇게 전한다.

'돈은 행복을 안겨주는 게 아니라 선택권을 준다. 그리고 많은 돈은 많은 선택권을 준다. 돈이 제공하는 선택권을 어떻게 이용하느냐는 당신에게 달려 있다.'

정리해보면 돈이 주는 행복은 자율성이라는 뜻이다. 하기 싫은 일을 하지 않고, 하고 싶은 일을 걱정 없이 할 자유다. 직장생활이 힘들어도 당장 월급이 없으면 생활이 힘들기에 회사를 그만둘 수 없는 직장인. 우리의 숙명을 피하도록 하는 게 바로 돈이다.

치료가 가능한 병인데, 치료제를 다섯 번 맞아야 하고 그 치료제가 10억이라고 생각해보자. 50억이라는 비싼 치료비를 감당할 사람은 몇 없다. 돈이 없어서 치료를 포기해야 하는 상황. 이럴 때 우리는 심한 박탈감을 느낀다. 따지고 보면 돈이 많아서 행복한 이유는 선택권을 가지고 인생을 주도적으로 살아가기 때문이다. 돈이 많으면 행복할 가능성이 크다.

그렇다면 부자란 누굴까? 마음의 부자처럼 보이지 않는 가치가 아닌 화폐를 얼마나 가졌는지가 부자의 기준이다. 내가 생각하는 부자는 '돈 걱정을 하지 않는 사람', '돈을 벌려고 일하지 않아도 먹고사는 사람'이다. 반대로 일을 그만두고 먹고살 길이 막막한 사람이라면 부자가 아니다. 가격에 상관없이 사고 싶은 물건을 맘대로 사도 통장 잔고가 안전한 사람도 부자다. 이런 '부자의 삶'은 상상만 해도 행복하다. 《억만장자 시크릿》은 이렇게도 전한다.

> '억만장자들은 자기가 하는 일을 좋아한다. 자신의 사업과 몸담은 업계를 사랑한다. 그러니 좋아하지 않는 일을 할 때보다 현재가 행복한 것도 당연한 일이다.'

억만장자들은 자기 일을 좋아한다. 돈 덕분에 자신이 좋아하는 일을 찾거나, 좋아하는 일을 해서 돈을 잘 벌게 된 이들이라 억만장자는 자신이 몸담은 업계를 사랑한다. 그들은 일 자체를 즐기고 좋아하기에 평범한 사람보다 더 많은 일을 하는 경우가 많다. 쉬고 싶으면 얼마든지 휴식을 취할 수 있어도 일에 매진한다.

정리하자면 부자는 자신이 좋아하는 일을 하고 혹은 그 일이 괴로움을 준다면 피할 능력을 지녔다. 또한 가난한 사람에 비해 돈으로 인한 걱정거리가 적다. 2년마다 전세금이 오를지 마음 졸일 일이 없는 사람이다.

부자이기 이전에 꿈이 있어 행복하다

여기에 버튼 두 개가 있다. 버튼 하나는 누르는 즉시 '100억 원'이 생긴다. 다른 버튼 하나는 눌러도 아무 반응이 없고 '현재의 삶을 유지'한다. 벌어질 가능성이 없는 일임에도 나는 고민에 잠긴다. 100억이 생긴다고 했지만 내가 건강하지 않다면 무슨 소용이 있을까? 식물인간 상태에서 100억이 있다면 아무것도 느끼지 못하는 상태에서 생명을 유지하는 일에 돈이 쓰일 뿐이다. 또 100억이 생기는 원리가 알고 보면 가족의 목숨과 돈을 바꾸는 일이었다면? 행복하게 살 수 있을까?

돈은 선택권을 가졌다. 그러나 몸이나 마음이 건강하지 못하면 돈이 주는 선택권도 소용없다. 그렇다면 어떻게 건강한 부자가 될 수 있을까? 부자가 되는 방법을 찾기란 쉽지 않다. 그러나 그들이 어떤 방식으로 살아가고 있는지를 엿보는 건 가능하다. 억만장자는 성장하기 위해 끊임없이 나아간다. 그들은 분명한 목표와 꿈을 지녔다. 똑같이 돈이 많은 사람일지라도 백만장자와 억만장자는 차이가 난다고 한다. 바로 '꿈'이다. 백만장자와 다르게 억만장자는 야심을 잃지 않고 끊임없이 앞으로 나아간다고 전해진다. 워런 버핏만 봐도 그렇다. 이미 충분한 재화를 가진 그는 여전히 투자를 멈추지 않는다.

진정한 부자는 계속해서 성장한다. 그러므로 현재에 집중해 더욱 열심히 산다. 걱정을 물리치는 가장 좋은 방법이기도 한 열정적인 삶이다. 결국 부자가 되기 위해 노력하는 삶 자체가 걱정을 해결하는 방법이다.

내가 지금 이 책을 쓰는 이유도 걱정 없는 삶에 다가가기 위한 노력이다. 걱정을 다루는 방법을 아는 이들의 이야기를 찾고, 나의 고민을 다뤘던 방법을 적는 동안만큼은 걱정이 덜어진다. 또 베스트셀러 작가가 되어 돈 걱정이 줄어드는 상황을 상상하면 활력이 샘솟는다. 결국 걱정을 덜기 위해서는 돈 이전에 꿈과 노력이 바탕에 깔려야 한다.

걱정을 이기는 심심함

우리는 잔잔한 바다를 바라보며 언젠가 닥칠 큰 파도를 두려워한다. 심심할 정도로 여유가 생기면 이를 즐길 생각은 하지 못하고 뭐라도 해야 할 것 같은 기분에 시달린다. 그러나 아무것도 하지 않을 때 오히려 뇌 활동이 활성화되어 평소에 시달리던 걱정을 해결할 방법이 떠오른다. 뜨겁게 달아올라 과부하에 걸린 컴퓨터는 껐다 켜는 단순한 조치로 다시 돌아가는 경우가 많다. 걱정으로 과부하에 걸린 우리 삶도 잠시 전원을 끄고 심심함을 온전히 느껴보자.

심심해서 그랬어

김용택 시인은 《심심한 날의 오후 다섯 시》에서 심심해서 시를 쓰게 됐다고 고백한다. 심심해서 여기저기를 돌아봤는데 조용한 시골의 강물, 바람, 나무까지 자연의 모든 것이 들리기 시작했다고 적었다. 심심해서 세상을 자세히 볼 수 있었고, 그렇게 한참을 보니 생각이 일어나 글로 옮겨봤더니 시가 되었다. 놀랍게도 심심함 덕분에 '그 여자네 집', '들국', '우리 아빠 시골 갔다 오시면', '방창', '우리 동네 버스'를 비롯한 위대한 시가 탄생했다.

할 일이 쌓여 있어도 심심함이 느껴진다. 그래서 나는 스마트폰을 본다. 특히 출퇴근길 지하철에서는 어김없이 스마트폰에 한눈을 팔며 열심히 유튜브를 본다. 닭장 안에 갇힌 닭이 모이를 쪼는 모습처럼 고개만 움직일 뿐이다. 고개를 들어 바라본 지하철 안은 너나없이 심심함을 견디지 못하고 스마트폰에 시선을 둔 사람만 가득했다. 스마트폰 등장 이후 우리는 조금의 심심함도 참지 못하는 어린아이가 되어버렸다.

나는 언제부턴가 따분함을 못 참는다. 심심하면 잠깐의 고독을 못 참고 태블릿 PC를 열어 넷플릭스와 유튜브를 시청한다. 그것도 귀찮으면 음악이라도 틀어 무료함을 달랜다. 심심함을 견디는 능력이 점점 약해지는 게 느껴진다. 무료함을 받아들이면 쓸모없는 인간이 될 것만 같다. 그런데 《겸손한 공감》의 작가 김병수 정신 건강 전문의는 심심함을 인간이 느끼는 자연스러운 정서라고 표현했다. 하지만 불안하고 조급할 때는 이런 좋은 말이 귀에 들어오지 않는다. 그저 불안을 자극하는 말만 귀에 들어온다.

테슬라 최고 경영자 일론 머스크는 SNS에 이런 말을 남겼다.

'주 40시간 일해서는 세상을 바꿀 수 없다. 80시간에서 100시간은 일해야 한다.'

그의 말처럼 바쁘게 살아야 성공에 닿을 수 있다고 느껴지는 시기도 있었다. 그런데 마음 한쪽에서 궁금증이 일어났다. 일론 머스크는 주에 100시간이나 일을 할까? 주에 100시간이라면 일주일에 5일을 일한다고 했을 때 하루에 4시간만 자고 일을 해야 한다. 아니면 일주일 내내 14시간 이상을 일하면 된다. 그렇게 일해서 부자가 된들 계속해서 그런 삶을 산다면 돈이 무슨 의미가 있지? 정답은 없지만 적어도 일주일에 100시간 일하는 건 생존 자체에 문제가 생길 것 같아서 눈길도 안 주기로 한다.

그렇다면 나에게 맞는 적당한 삶, 적당한 심심함은 어떤 걸까? 뭘 해야 할지 고민하다가 김용택 시인처럼 심심함으로 세상을 바라보는 하루를 가져보기로 한다. 스마트폰이 있다면 심심할 틈이 없어 책상 위에 올려놓고 밖으로 나간다. 스마트폰에 중독된 눈은 풍경을 바라보고, 스마트폰을 움켜쥐었던 손은 길거리에서 만난 자연으로 향한다. 네모난 기계를 놓고 떠난 외출은 예상처럼 심심하다. 심심함을 달래기 위해서 앞으로 나아가니 매일 보던 익숙한 가로수 사이의 초여름 풍경이 다르게 보인다. 도시에 외롭게 남겨진 나무들이 푸른 잎을 흔들며 나를 위로해주는 기분이다. 햇빛에 오랫동안 노출된 나무의 두꺼운 껍질이 눈에 들어온다. 제멋대로 조각난 나뭇결의 패턴이 그림처럼 느껴졌다. 도시가 내뿜는 매연 속에서도 질긴 생명력을 자랑하며 꿋꿋이 살아가는 가로수가 대견스럽다. 심심함이 만든 여유 덕분에 가로수가 내 마음으로 들어온다. 산책은 예상보다 빨리 끝나지만 심심함 덕분에 느낀 여유로움이 마음을 충만하게 하는 하루다.

휴식은 낭비가 아니다

파스칼은 말했다.

"모든 인류의 문제는 인간이 혼자 방에 조용히 앉아 있지 못한 데서 비롯된다."

한가한 시간은 불안을 일으킨다. 특히 아주 바쁘고 턱 밑까지 짜인 촘촘한 일정에 따라 열심히 일하고 난 뒤에 찾아오는 한가한 시간은 유독 불안을 가중한다. '왜 사는가?' 하는 인생의 회의가 뇌리를 스치면서 불안함은 공포가 된다.

산업 시대 이전, 농사를 지어 식량을 재배해서 먹고살던 시절에는 존재나 삶의 이유를 생각할 여유조차 없었다. 하지만 현대에 와서는 철학자가 아니더라도 우리는 존재와 왜 살아야 하는지를 고민한다.

독일의 명상가이자 경영 컨설턴트 니콜레 슈테른은 《혼자 쉬고 싶다》에서 우리가 아무것도 안 하면 불안한 이유가 휴식을 게으름이라고 칭하는 사회적 분위기 때문이라 밝힌다. 하지만 바쁘게 돌아가는 현대 사회에서 휴식은 선택이 아닌 필수다. 혼자 있는 시간을 가져야 자신과의 대화가 가능하다. 그래야 앞으로 무엇을 할지 체계적으로 생각한다.

니콜레 슈테른은 성실하게 열심히 일만 하며 살던 어머니를 돌연 암으로 떠나보낸 후 휴식이 지닌 본질을 고민하며 세계 여러 나라를 돌아다녔다. 진정한 휴식에 대해 고민한 후 그가 내린 결론은 게으름과 휴식을 동일시하지 말라는 것이다. 목적 없이 아무것도 안 하는 게 게으름이라면 휴식은 다음을 위한 쉼의 단계다.

SNS 등장 이후 휴식도 빡빡하고 화려하게 즐겨야 한다는 이가 더 많이 생겼다. 에너지를 놀면서 채우는 사람은 괜찮겠지만 집에서 쉬어야 에너지가 채워지는 사람이 있다. 휴식의 방법은 사람마다 다르다. 저마다의 방법으로 휴식을 즐기면 되고 남이 어떻게 쉬든 존중할 줄 알아야 한다. 야근에 시달려 쫓기듯 일하다 주말이면 밀린 잠을 몰아서 자는 가족에게 "퍼질러 자지 말고 운동이라도 해!" 하며 독촉하는 행동은 절대 금지다. 휴식은 시간 낭비가 아니다.

여기서 짚어볼 부분은 나 자신에게 쉬지 말고 움직이라고 독촉하지 않았는가이다. 끊임없이 일을 하다 보면 신체활동과 피로도를 느끼는 감각이 무뎌진다. 뭘 원해서 이렇게 열심히 사는지 생각해보기는커녕 습관처럼 달린다. 거기에 한술 더 떠 달리는 자신을 채찍질한다. 그럴 때 방에 누워 아무것도 하지 말아보자. 가만히 있는 게 좀이 쑤시면 떠오르는 생각을 공책에 적자. 일도 운동도 스마트폰도 멀리하고 나 자신과의 오붓한 시간을 보내보자.

걱정을 해결하는 심심함

독일의 문예 평론가이자 철학자인 발터 벤야민은 '깊은 심심함'에 대해 '경험의 알을 품고 있는 꿈의 새이자 창조적 정신의 근원'이라고 표현했다. 잠이 육체적 이완의 정점이라면 깊은 심심함은 정신적 이완이 도달한 정점이다. 정신적 심심함을 견디지 못하고 분주히 움직여야 한다는 마음이 들 때 그것을 가만히 바라보면 마음이 이내 고요해진다. 진흙탕 물을 가만히 두면 진흙은 가라앉고 물이 맑아지는 원리다.

깊은 심심함은 평소 풀리지 않던 문제를 해결할 영감과 아이디어를 얻는 데 큰 도움이 된다. 실제로 아무것도 하지 않았을 때 오히려 뇌 활동이 활성화되는데, 이것은 전문 용어로 '디폴트 모드 네트워크'이다. 일상생활을 하는 동안 뇌는 무수히 많은 정보를 처리하면서 디폴트 상태와 멀어진다.

최근 신경 과학자인 워싱턴대학교의 마커스 라이클 교수가 디폴트 모드 네트워크와 관련된 실험을 진행했다. 실험에 참여한 사람들에게 어려운 문제를 풀도록 하고, 그때 뇌의 활동을 분석했다. 그런데 문제 풀이에 집중했을 때 오히려 뇌의 특정 영역에서 활동이 늘어나기보다 줄어들었다. 테스트가 끝나고 아무것도 하지 않는 상태에서 뇌 활동이 비약적으로 늘어났다. 아무것도 하지 않는 기저 상태인 디폴트 모드 네트워크 상태에서 불필요한 정보가 제거되고 기억이 축적되어 집중력과 창의력이 향상되었다. 멍하니 있을 때 걱정에 대한 해결책을 찾게 되는 이유가 여기 있다.

김병수 작가는 《겸손한 공감》에서 이렇게 말한다.

'심심함은, 오롯이 나의 영혼이 기뻐할 일을 하라, 라고 마음이 보내는 메시지다.'

심심함은 풀도 자라지 않는 황량한 사막처럼 보인다. 하지만 심심함은 생각을 낳는 풍요로운 아마존이다. 내가 글을 쓰기 시작한 이유는 심심함 덕분이었다. 집에서 휴식을 취할 때 밀려오는 심심함 덕분에 글을 썼고 작가가 되었다. 지나치게 많은 업무나 가정의 문제에 파묻혀 심심할 틈이 없었다면 꿈에 대해 고민하고 나아가기 위해 움직이지 못했을 것이다.

평생 바쁘게 살아서 자신을 돌아보지 못했다면 잠시 멈춰 숨돌릴 틈을 가져보자. 여유로운 시간이 생겼다고 빡빡하게 일정을 짜서 놀면 여전히 바쁜 상태와 마찬가지다. 아무것도 하지 않고 심심한 순간이 생겨야 삶의 의미를 고민할 틈이 생긴다.

걱정되면 먼저 겸손해지자

지금 하는 걱정을 살펴보자. 당장 삶에 영향을 미칠 걱정이 많아 보이지만, 의외로 자잘한 걱정이나 인간관계와 얽힌 문제가 보인다. 겸손은 남을 존중하고 자기 자신을 내세우지 않는 태도다. 겸손하지 않은 사람은 쉽게 주변에 적을 만든다. 하지만 겸손한 사람은 다르다. 타인을 불편하게 하지 않고 배려하는 태도로 인간관계에 신임을 얻는다. 그러면 자연스럽게 인간관계에서 오는 말썽과 골칫거리가 줄어든다.

얀테라겐 법칙

북유럽에는 '얀테라겐(Jantelagen)'이라는 독특한 가치가 전해진다. 덴마크 태생의 노르웨이 작가 악셀 산데모세가 1933년에 발표한 풍자 소설 《도망자》에서 처음 등장한 개념이다. 소설 속 규칙을 잘 지키는 마을 얀테는 능력이 출중한 사람을 선망하지 않는다. 특히 잘난 체하는 사람은 공동체 안에서 인정받지 못하고 비판의 대상까지 된다. 이곳 주민에게는 따라야 하는 법칙이 존재한다. 자신이 다른 사람에 비하여 한층 더 똑똑하다거나, 더 낫다거나, 더 많이 안다거나, 더 위대하다거나, 남에게 무언가를 가르칠 위치라는 생각을 금한다. 이런 형태는 구성원 모두가 주인공이 되는 삶을 지향하는 북유럽의 문화와 닮았다.

지나칠 정도로 겸손해지라고 충고하는 얀테의 법칙. 듣다 보면 왜 그렇게까지 자신을 낮춰야 하는지 의문이 드는 내용도 있지만, 곱씹어 보면 결국 겸손의 장점이 보인다. 다른 사람을 비웃지 말라든가, 내가 다른 사람보다 더 중요하다고 착각하지 말라는 법칙에서는 배려와 평등함을 강조하는 사회 윤리가 나타난다.

얀테의 법칙 밑바탕에는 모두가 마땅히 존중받아야 한다는 개념이 깔려 있다. 이는 타인에 대한 신뢰와 개개인을 존중하는 문화를 형성하는 중요한 토대가 된다.

하지만 이런 사회적 기조에 반발하는 이들도 등장했다. 노르웨이 베르겐대학교의 비교 정치학 부교수인 코넬리우스 카펠렌은 소셜미디어가 성장하면서 얀테라겐을 향한 젊은 층의 반발이 자리 잡았다고 전한다. 세계적으로 인스타그램 같은 SNS를 이용해 개인의 화려한 삶을 자랑하는 문화가 보편화되었다. 이런 영향으로 북유럽 사람들 역시 자신의 성공을 대중에게 알리는 데 불편함을 덜 느끼게 되었다.

SNS가 만든 걱정

SNS에 중독된 사람 일부는 타인과의 비교로 인한 상대적 박탈감을 느낀다. 인스타그램만 들어가도 비싼 음식에, 5성급 호텔에서 화려한 옷을 입고 찍은 사진 등 과시용 게시물이 넘쳐난다. 부를 자랑하는 이들의 게시물이 메인 피드를 채운다. 화려한 연예인이나 셀럽이 사는 삶을 쉽게 들여다보기에 그들과 자신을 비교하며 나만 불행하다고 여기는 사람이 늘어났다.

이런 시대적 분위기에는 '얀테라겐'이 말하는 겸손이 필요하다. 교만하게 살면서 지나치게 자신만을 생각하는 상태는 나르시시즘에 가깝다. 스스로 잘났다는 생각에 대우받지 못하면 화가 나고, 좌절감을 느껴 우울함을 느낀다. 겸손이란 남을 존중하고 나를 내세우지 않는 행위다. 겸손하면 화가 덜 나고 좌절이 닥쳤을 때 노력한다. 심지어 겸손은 마음을 보호하는 에어백 역할도 한다. 자신의 한계와 약점을 인정해서 어려운 상황에서 고통을 덜어준다. 화려함을 뽐내는 SNS와 자신을 비교하기보다는 '얀테라겐'으로 마음의 에어백을 장착해보자. 유행은 돌고 돈다. 언젠가는 자랑을 부추기는 시대가 끝나고 겸손의 시대가 올 것이다.

걱정 없는 원만한 인간관계를 만드는 겸손

친구 T는 남을 깔보거나 험담하지 않는 겸손한 사람이다. 그는 데이비드 브룩스 작가가 《인간의 품격》에서 소개한 겸손한 사람의 표본이 아닐까 싶었다. T에게 이야기했더니 웃으며 어떤 부분이 닮았는지 물었다.

"겸손한 사람은 어디 가서 실수하지 않으니까, 발 뻗고 편하게 잘 수 있다던데. 너 불면증 없지?"

T가 고개를 갸웃하며 대답했다.

"불면증은 없지. 그런데 살다 보면 내가 아무리 겸손하게 행동해도 문제가 생기더라. 그럴 땐 나도 잠이 안 와."

"그래도 너는 상대방의 말을 수용하고 충고를 귀담아듣잖아. 거기에 늘 노력하고."

"그거야 도움이 되니까 그렇지. 남한테 충고하려면 얼마나 고민했겠어. 그렇게 용기 내서 해준 말이니까 귀담아들어야지. 그리고 충고엔 내가 발견하지 못한 관점이 있어서 도움이 되더라."

"그러니까 네가 겸손한 사람인 거야. 보통 충고를 잔소리라고 생각하는 경우가 많을걸? 너처럼 긍정적으로 받아들이면 주변 사람하고 트러블도 없지?"

"보통 트러블은 잘 없지. 문제가 생기면 조율하기도 하고. 동료들이 모두 괜찮은 사람이야. 회사 운이 좋았어."

"일 잘하는 사람이 아주 겸손하다."

"부끄럽다. 칭찬해줘서 고마워. 그런데 회사에서 많이 배워. 내가 해낼 수 없는 부분을 채우는 팀원이 있어서 늘 감사하지."

자화자찬 대신 동료의 고마움을 말하는 T를 보며 데이비드 브룩스의 《인간의 품격》 속 한 구절이 떠올랐다.

'겸손한 사람은 자애롭게 마음을 달래주는 반면, 자화자찬하는 사람은 늘 취약하며 불협화음을 만들어낸다.'

겸손하지 못하고 자화자찬하는 사람의 주변은 늘 시기와 질투가 인다. 그 때문에 종종 사고가 일어난다. 나 또한 자화자찬했을 때 오히려 인정받지 못하고 누군가의 마음을 불편하게 흔들어 화를 자초했다. 겸손하고 절제하는 삶이 주는 자애로움은 원만한 인간관계를 만들어 걱정을 줄인다.

자기 과시 시대의 겸손

자기 과시가 대세인 시대다. 겸손해하지 말고 있는 힘껏 자신을 뽐내어 스스로 마케팅하라는 메시지가 가득하다. 그래서 오히려 겸손하게 가만히 있으면 바보 취급하는 사람까지 생겨났다. 자의식 과잉의 시대를 살아가는 우리에게 인도 철학자 브하그완은 이렇게 일갈한다.

"용기와 힘을 함께 갖춘 사람은 절대 교만하지 않다. 힘 있는 사람의 겸손은 진실이며 약한 사람의 겸손은 허위이다."

오만한 사람은 시기와 질투를 불러일으키고 미움을 받는다. 이는 결국 사람을 고립시킨다. 겸손함은 나를 성장하게 하는 가치에 귀 기울인다. 사회생활이나 인간관계를 비롯해 일상에서 행하는 겸손한 마음은 아집을 비워낸다. 그 공간에는 삶의 테두리를 넓혀줄 새로운 지혜가 들어선다. 그렇게 겸손한 사람은 한층 더 성장한다. 결국 겸손함 덕분에 타인과 부딪치는 일이 적어 인간관계에서 받는 걱정이 적어진다. 또 자신이 가진 한계를 인정하기에 욕심부리지 않고 능력 이상의 무언가를 탐하며 생기는 불안과 멀어진다.

걱정이 창작의 원천이 될 때

미국계 영국 시인 T. S. 엘리엇은 말했다.

"불안은 창조의 시녀다."

우리는 종종 '걱정'을 창의적 사고를 방해하는 요소로 여긴다. 걱정에 사로잡히면 시야가 좁아지고, 새로운 아이디어를 떠올리기 어려워진다고 생각하기 쉽다. 그러나 아이러니하게도 인류 역사상 가장 창의적인 업적 중 상당수는 깊은 걱정과 불안을 품은 사람들에 의해 탄생했다.

예술가, 작가, 발명가, 과학자 등등 많은 이가 일상적인 걱정은 물론 실존적 불안, 사회적 고립, 정신적 고통을 경험했다. 그리고 놀랍게도 이러한 상태가 때로는 그들의 창의성을 촉발시키는 원동력이 되었다. 이 장에서는 걱정과 창의성 사이의 복잡하고도 흥미로운 관계를 탐색하고, 우리가 일상의 걱정을 창조적 에너지로 전환할 방법을 살펴보겠다.

걱정이 나를 작가로 만든 과정

거듭 말하지만, 나는 걱정이 많은 아이였다. 다른 친구들이 뛰어놀 때도 나는 '이러다 다치면 어떡하지?', '늦게 들어가면 부모님이 걱정하시겠지?'와 같은 생각들로 가득했다. 청소년기와 대학생 시절을 지나며 이런 걱정은 더 복잡해졌고, 때로는 나를 무력하게 만들기도 했다.

그런데 묘하게도 이 걱정들이 나를 표현의 세계로 이끌었다. 머릿속에서 맴도는 생각들을 정리하기 위해 메모하는 습관이 생겼고, 그 메모는 점차 일기가 되었다. 일기는 에세이로, 에세이는 작은 이야기로 발전했다. 사람들이 내 글을 읽고 공감한다는 말을 들을 때마다, 내 걱정이 나만의 것이 아님을 깨달았다.

개발자로 일하면서도 밤마다 글을 쓰는 시간은 내게 위안이 됐다. 직장에서의 스트레스와 미래에 대한 불안을 글로 풀어내는 과정에서, 나는 점점 더 많은 독자들과 교감했다. 결국 내 걱정이 책이 되어 사람들 손에 들려지는 순간, 나는 깨달았다. 내 걱정이 없었다면, 오늘의 나도 없었을 것이라는 사실을.

걱정을 활용한 예술가들

네덜란드의 화가 빈센트 반 고흐는 생전에 정신적 고통과 극심한 걱정으로 가득 찬 삶을 살았다. 그는 간질과 조울증으로 고통받았으며, 사회적으로도 소외되었다. 자신의 귀를 자르는 사건으로 알려진 심각한 정신적 위기를 겪기도 했다. 그러나 바로 이 시기에 고흐는 자신의 가장 유명한 작품들을 창작했다. 〈별이 빛나는 밤〉은 그가 정신병원에 머물던 시기에 그려진 작품이다. 그는 편지에서 이렇게 썼다.

'나는 때때로 말할 수 없는 고통을 느낀다. 하지만 그 속에서 내 작품이 태어난다.'

고흐의 불안과 우울은 그의 독특한 색채 감각과 강렬한 붓놀림으로 표현되었다. 그의 걱정과 고통이 없었다면, 오늘날 우리가 아는 고흐의 예술 또한 존재하지 않았을지 모른다.

체코의 작가 프란츠 카프카는 실존적 불안과 고독의 대명사와도 같은 인물이다. 그는 자신의 건강, 인간관계, 직업 그리고 아버지와의 관계에 대해 끊임없이 걱정했다. 카프카의 일기와 편지를 보면 그가 얼마나 깊은 걱정 속에서 살았는지를 알 수 있다. 그러나 이러한 걱정은 그의 독특한 문학 세계를 창조했다. 단편소설 〈변신〉에서 그레고르 잠자가 갑자기 거대한 벌레로 변하는 초현실적인 설정은 카프카 자신의 소외감과 존재에 대한 불안을 반영한다. 그의 작품에 나타나는 비이성적 관료주의와 무력한 개인의 모습은 그가 느꼈던 사회적 불안과 공포를 표현한다. 카프카는 '책은 우리 내면의 얼어붙은 바다를 깨는 도끼가 되어야 한다'고 말했다. 그의 걱정은 결국 20세기 문학의 바다를 뒤흔든 도끼가 되었다.

노르웨이 화가 에드바르드 뭉크의 〈절규〉는 현대 예술에서 불안과 공포를 강렬하게 표현한 작품 중 하나다. 뭉크는 어린 시절 어머니와 누이의 죽음을 경험했고, 평생 우울증과 불안에 시달렸다. 뭉크는 자기 내면의 고통을 '나는 내 영혼의 일기를 그린다'로 설명했다. 그의 걱정과 두려움은 캔버스 위에서 왜곡된 형태와 강렬한 색채로 표현되었다. 〈절규〉에 담긴 공포와 불안은 100년이 지난 오늘날까지도 많은 이의 마음에 깊은 울림을 주고 있다.

과학계에서의 걱정

전기공학의 니콜라 테슬라는 강박장애와 불안 증세를 보였다. 그는 숫자 3의 배수에 집착했고, 식사 전에 냅킨의 체적을 계산했으며, 비둘기에 대한 이상한 애착을 가졌다. 그러나 바로 이런 강박적 성향이 테슬라의 엄청난 집중력과 세부 사항에 대한 관심으로 이어졌다. 그의 불안한 마음은 끊임없이 문제를 해결하려는 욕구로 발현되었고, 이는 교류 전기, 무선 통신, 형광등 등 수많은 발명으로 이어졌다. 테슬라의 예는 '정상적'이지 않은 마음 상태가 때로는 관습적 사고의 틀을 벗어나 혁신적인 아이디어를 낳을 수 있음을 보여준다.

진화론의 창시자 찰스 다윈은 평생 건강 문제와 불안으로 고통받았다. 그는 불면증, 심장 두근거림, 피로, 위장 장애 등 다양한 증상에 시달렸고, 자신의 건강에 대해 끊임없이 걱정했다.

흥미롭게도, 다윈의 이러한 건강 문제는 그가 집에서 연구에 몰두하는 생활 방식을 갖게 했다. 사회적 활동을 줄이고 자연 관찰과 연구에 집중한 그는 20년 넘게 자신의 이론을 다듬었고, 결국 《종의 기원》을 출판하게 되었다. 다윈의 건강 걱정이 아니었다면, 그는 더 활발한 사회생활을 하며 깊은 사고와 연구에 필요한 고독한 시간을 갖지 못했을

지도 모른다.

걱정이 창의성을 촉발시키는 메커니즘

걱정이 창의성의 촉매제가 될 수 있는 심리적, 신경학적 메커니즘은 무엇일까?

첫째, 문제해결 동기부여

걱정은 본질적으로 문제해결을 위한 사고 과정이다. 우리가 무언가를 걱정할 때, 뇌는 자동적으로 해결책을 찾기 시작한다. 이 과정에서 다양한 가능성을 탐색하고, 새로운 아이디어를 생성하는 창의적 사고가 촉진된다. 예컨대 기후 변화에 대한 걱정이 재생 에너지 기술 개발의 동기가 되고, 건강에 대한 걱정이 의학 연구와 혁신으로 이어지는 것이다.

둘째, 관점의 변화와 인지적 유연성

불안과 걱정은 종종 우리가 세상을 다르게 보게 만든다. 불안한 상태에서는 평소에는 주목하지 않던 세부 사항에 민감해지고, 다양한 가능성을 고려하게 된다. 이러한 상태는 인지적 유연성을 높여, 문제를 새로운 각도에서 바라볼 수 있게 한다. 연구에 따르면, 약간의 불안과 걱정은 인지적 통제 과정을 강화하고, 창의적 문제해결에 필요한 확산적 사고(다양한 가능성을 탐색하는 사고)를 촉진할 수 있다.

셋째, 깊은 공감과 정서적 지능

자신의 불안과 걱정을 경험한 사람들은 종종 다른 사람의 고통과 감정에 더 민감하게 반응한다. 이러한 깊은 공감 능력은 예술과 문학에서 인간 경험의 본질을 표현하는 데 중요한 요소다. 작가 J. K. 롤링이 심한 우울증을 경험한 후 《해리 포터》 시리즈의 '디멘터(사람의 행복을 빨아들이는 생물)'를 창조한 것은 그녀의 정신적 고통을 창의적으로 표현한 예다.

넷째, '흐름(Flow)' 상태로의 도피

심리학자 미하이 칙센트미하이는 '흐름'이라는 완전한 몰입 상태를 창의성의 핵심 요소로 설명한다. 흥미롭게도 많은 예술가와 창작자는 걱정과 불안에서 벗어나는 방법으로 자신의 작업에 완전히 몰입한다. 작곡가 요한 제바스티안 바흐는 자녀들의 죽음과 경제적 어려움 속에서도 끊임없이 음악을 작곡했다. 그의 창작 활동은 고통스러운 현실에서 벗어나 '흐름' 상태를 경험하는 방법이었을 수 있다.

현대 창작자들의 걱정과 창의성

일본의 소설가 하루키 무라카미는 자신의 불안과 걱정을 달리기와 글쓰기를 통해 다룬다고 고백했다. 그의 에세이 《달리기를 말할 때 내가 하고 싶은 이야기》에서 무라카미는 장거리 달리기와 글쓰기가 모두 내면의 목소리를 듣는 방법이라고 설명한다. 그는 말한다.

'나는 글을 쓰면서 나 자신의 어둠을 들여다본다.'

그의 소설 속 초현실적 요소들은 종종 현대 사회에서 느끼는 소외감과 불안을 반영한다.

팝 아이콘 비욘세는 2013년 자신의 다큐멘터리에서 공연 불안과 완벽주의 성향을 고백했다. 그녀는 공연 전 극심한 불안을 느끼지만, 이러한 감정이 그녀의 창의적 과정의 일부라고 설명했다. 비욘세의 2016년 앨범 〈레모네이드〉는 개인적 상처와 불안을 다루며, 이를 예술적 성취로 승화시킨 예다. 그녀는 자신의 고통을 음악으로 표현함으로써 수백만 명의 팬들에게 공감과 치유의 메시지를 전달했다.

테슬라와 스페이스X의 CEO 일론 머스크는 여러 인터뷰에서 자신의 불안과 우울증에 대해 언급했다. 특히 그는 자신의 회사들이 실패할 가능성에 대해 끊임없이 걱정한다고 말했다. 이런 걱정은 머스크가 전통적인 사고방식을 벗어나 전기차, 우주 여행, 뇌-컴퓨터 인터페이스 등의 혁신적인 분야에 도전하는 원동력이 되었다. '망해도 괜찮다는 생각으로 도전해야 한다'는 그의 말은 걱정을 창조적 도전으로 전환하는 그의 철학을 보여준다.

자신의 걱정을 창의적으로 전환하는 방법

지금까지 위대한 창작자들의 사례를 살펴보았다. 그렇다면 우리는 어떻게 일상의 걱정을 창의적 에너지로 전환할 수 있을까?

첫째, 걱정을 표현의 재료로 사용하기

자신의 걱정과 불안을 숨기거나 억누르는 대신, 이를 표현의 도구로 활용해보자. 글쓰기, 그림 그리기, 음악, 요리, 정원 가꾸기 등 어떤 형태든 자신에게 맞는 창의적 활동을 통해 감정을 표현해보자. 작가 줄리아 카메론은 《아티스트 웨이》에서 매일 아침 3페이지 분량의 자유로운 글쓰기를 권장한다. 이 과정에서 걱정과 불안을 글로 쏟아내면, 정신이 맑아지고 창의적 에너지가 흐르기 시작한다고 한다.

둘째, 걱정의 패턴 관찰하기

자신이 무엇을 걱정하는지 그리고 그 걱정이 어떤 패턴을 가지는지 관찰해보자. 이러한 자기 인식은 그 자체로 창의적 과정의 시작이 될 수 있다. 화가 프리다 칼로는 자신의 신체적 고통과 정서적 상처를 세밀하게 관찰하고 이를 자화상으로 표현했다. 그녀에게 예술은 자기 관찰과 치유의 과정이었다.

셋째, '무엇을 걱정하는가'에서 '무엇을 원하는가'로 전환하기

걱정은 종종 우리가 원하지 않는 것에 초점을 맞춘다. 이를 우리가 원하는 것으로 전환하면 문제해결적 창의성이 촉진된다. 예를 들어, '실패할까 봐 걱정된다'는 생각을 '어떻게 하면 성공할 수 있을까?'로 바꾸면, 마음이 새로운 아이디어와 가능성을 탐색하기 시작한다.

넷째, 걱정을 협업의 기회로 활용하기

개인적 걱정은 사실, 많은 사람이 공유하는 문제일 수 있다. 자신의 걱정을 다른 사람들과 나누고 함께 해결책을 모색해보자. 환경 문제에 대한 걱정이 환경 활동가들의 커뮤니티를 형성하고, 지속 가능한 해결책을 위한 창의적 협업으로 이어지는 것처럼, 공유된 걱정은 집단 창의성을 촉발할 수 있다.

다섯째, 걱정과 친구하기
걱정을 적이 아닌 창의적 과정의 일부로 받아들이는 태도를 기르자. 완벽한 마음의 평화를 추구하기보다, 약간의 불안과 긴장감이 창의성을 자극할 수 있다는 점을 인정하는 것이 도움 된다. 작가 엘리자베스 길버트는 《빅매직》에서 두려움을 창의성의 여행에 함께 데려가되, 운전대를 맡기지는 말라고 조언한다. 걱정과 불안이 있어도 괜찮다는 것, 그러나 그것이 우리의 창의적 결정을 완전히 좌우하게 해서는 안 된다는 지혜다.

걱정을 창의적 변화의 씨앗으로

우리는 흔히 걱정과 불안을 없애야 할 부정적인 감정으로만 생각한다. 그러나 인류 역사상 가장 창의적인 인물들의 삶을 살펴보면, 이러한 감정이 오히려 그들의 창작 활동에 깊이와 진정성을 더해주었음을 알 수 있다.

걱정이 항상 즐거운 감정은 아니지만, 그것은 우리가 무엇을 소중히 여기는지, 무엇을 변화시키고 싶은지를 알려주는 신호이기도 하다. 그리고 바로 이 변화의 욕구야말로 모든 창의적 과정의 시작점이다.

다음에 걱정이 밀려올 때, 그것을 단순히 불쾌한 감정으로 밀어내기보다는, 잠재적인 창의적 에너지로 바라보자. 당신의 걱정은 무엇을 말하고 있나? 그것은 당신에게 무엇을 창조하고, 표현하고, 변화시키라고 속삭이고 있을지도 모른다.

인류 역사상 가장 위대한 예술 작품, 문학 작품, 과학적 발견, 사회적 혁신 중 많은 것이 깊은 걱정과 불안에서 태어났다는 점을 기억하자. 당신의 걱정 또한 세상에 가치 있는 무언가를 가져올 씨앗이 될 수 있다.

불안과 창의성의 춤을 인정하고 받아들일 때, 우리는 걱정을 단순한 불편함이 아닌, 새로운 가능성의 입구로 바라볼 수 있게 된다. 그리고 이러한 관점의 전환 자체가 이미 창의적인 행위다.

걱정 속에서 빛나는 별을 발견하라. 그것이 바로 창의성의 시작이다.

걱정하는 날도 좋은 날

이번 장에서는 걱정에 관한 나의 순수한 생각들을 담아보려 한다. 그동안 많은 전문가의 이론과 연구 결과를 인용해왔지만, 이제는 오랜 시간 걱정과 함께 살아온 한 사람으로서의 솔직한 고찰을 공유하고 싶다. 걱정으로 가득한 날도 사실은 의미 있는 좋은 날일 수 있다는 점을 이야기하고자 한다. 비록 걱정이 우리에게 불편함과 긴장을 주지만, 그 속에서 발견할 수 있는 가치와 지혜가 있다고 믿기 때문이다.

걱정은 우리의 본능이다

인류의 역사를 살펴보면, 걱정은 우리를 살아남게 해준 중요한 도구였다. 우리의 조상들은 늘 경계하고 앞으로 일어날 수 있는 위험에 대비함으로써 생존할 수 있었다. '저 강을 건너면 맹수가 있을까?', '이 열매는 독이 없을까?', '날씨가 추워지면 어떻게 버틸까?'와 같은 걱정은 우리 조상들이 더 안전한 선택을 하도록 도왔다.

현대 사회에서도 마찬가지다. 우리가 느끼는 걱정은 대부분 우리의 생존, 안전, 소속감, 자존감과 관련이 있다. 걱정은 우리에게 경고를 보내는 내면의 목소리다. '이것에 주의를 기울여라', '이것은 너에게 중요한 일이다'라고 말해주는 신호다.

따라서 걱정이 많다는 것은 역설적으로 우리가 살아 있고, 무언가를 소중히 여기고 있다는 증거이기도 하다. 아무것도 걱정하지 않는 사람은 아마도 아무것도 소중히 여기지 않는 사람일 것이다.

걱정은 우리의 가치를 반영한다

우리는 무엇을 걱정하는가? 아이의 건강, 부모님의 안부, 일의 성과, 관계의 질, 미래의 안정 등등 이런 걱정들은 모두 우리가 무엇을 중요하게 생각하는지 보여준다. 걱정의 내용을 들여다보면, 그 사람의 가치관을 엿볼 수 있다.

어머니가 아이의 식사를 걱정한다면, 그것은 아이의 건강과 영양을 중요시한다는 뜻이다. 친구가 다른 친구의 기분을 걱정한다면, 그것은 그 관계를 소중히 여긴다는 의미이다. 직장인이 업무의 질을 걱정한다면, 그것은 자신의 직업적 가치와 성취를 중요하게 생각한다는 방증이다.

즉, 걱정은 단순한 부정적 감정이 아니라 우리의 가치관과 우선순위를 비추는 거울이다. 그런 의미에서 걱정은 우리가 어떤 사람인지, 무엇을 중요하게 여기는지를 알려주는 소중한 단서이다. 걱정이 없다면, 우리는 아마도 무엇이 정말 중요한지 알기 어려울 것이다.

걱정은 준비를 돕는다

걱정은 때로 우리가 더 철저히 준비하도록 동기를 부여한다. 시험을 앞둔 학생이 결과를 걱정하기 때문에 더 열심히 공부한다. 발표를 앞둔 직장인이 실수할까 봐 걱정하기 때문에 더 많은 연습을 한다. 여행을 준비하는 사람이 날씨를 걱정하기 때문에 우산도 챙기고 가벼운 옷도 준비한다.

이처럼 적당한 걱정은 우리가 더 철저히 준비하고, 여러 상황에 대비할 수 있게 한다. 걱정하기 때문에 우리는 계획 B, 때로는 계획 C까지 마련한다. 그리고 그런 준비 덕분에 실제로 문제가 발생했을 때 더 효과적으로 대응할 수 있게 된다.

물론 과도한 걱정은 우리를 마비시키고 행동을 방해할 수 있다. 하지만 적절한 수준의 걱정은 오히려 우리의 수행 능력을 향상시키는 데 도움 될 수 있다. 심리학에서는 이를 '예르크스-독슨 법칙'이라고 부른다. 적당한 수준의 각성(여기서는 걱정이나 긴장)은 최적의 수행 능력을 이끌어낸다는 것이다.

걱정은 공감의 뿌리가 된다

자신의 고통을 경험해본 사람이 타인의 고통을 더 잘 이해할 수 있다. 마찬가지로, 걱정과 불안을 경험해본 사람이 타인의 걱정과 불안에 더 깊이 공감할 수 있다.

심한 사회 불안으로 고통받던 한 여성이 있었다. 그녀는 모임에 가기 전 몇 시간씩 걱정하며 최악의 시나리오를 상상했다. 하지만 시간이 지나면서 그녀는 자신의 불안을 수용하고, 그것과 함께 살아가는 법을 배웠다. 놀랍게도, 그 과정에서 그녀는 다른 사람들의 불안과 두려움에 대해 더 깊은 이해와 공감을 갖게 되었다. 오늘날 그녀는 불안장애를 가진 청소년들을 돕는 상담사로 일하고 있다. 그녀의 걱정은 절대 사라지지 않았지만, 그것은 그녀의 가장 큰 강점이자 선물이 되었다.

이처럼 우리의 걱정과 고통은 타인의 고통에 더 깊이 공감하고 연결될 수 있는 통로가 된다. 걱정이 많은 사람들은 종종 더 따뜻하고, 더 이해심 있고, 더 친절한 사람이 되기도 한다. 그들은 누군가 힘들어할 때 "괜찮아, 시간이 지나면 나아질 거야" 하는 가벼운 위로 대신, 진정으로 그 사람의 고통에 함께할 수 있다.

걱정은 우리를 더 현명하게 만든다

인생에서 가장 중요한 교훈들 중 많은 것이 어려움과 고통 속에서 배워진다. 걱정으로 가득 찬 시간들, 불안과 두려움으로 밤을 지새운 경험들이 종종 우리를 더 현명하고 깊이 있는 사람으로 만든다.

늘 모든 것이 순조롭게 진행되고, 한 번도 걱정한 적 없는 사람이 과연 인생의 깊이를 이해할 수 있을까? 실패의 두려움, 거절의 아픔, 불확실성의 불안을 한 번도 경험하지 않은 사람이 타인의 고통을 진정으로 이해할 수 있을까?

걱정으로 가득 찬 시간들은 우리에게 인내를 가르치고, 자기 이해를 깊게 하며, 더 큰 자비심을 갖게 한다. 그런 의미에서 걱정은 우리의 성장과 지혜의 자양분이 될 수 있다.

'낙엽도 거름이 된다'는 일본 속담이 있다. 가을에 떨어진 낙엽은 겨울을 지나며 분해되어 봄에 새싹이 자랄 수 있는 영양분이 된다. 마찬가지로, 우리의 걱정과 어려움도 언젠가는 성장과 지혜의 자양분이 될 수 있다.

걱정과 함께하는 삶의 아름다움

우리는 종종 '걱정 없는 삶'을 이상적인 상태로 생각한다. 하지만 그런 삶이 과연 가능할까? 더 중요한 질문은 그런 삶이 정말로 바람직한 것일까?

완벽하게 평온한 마음, 걱정이 전혀 없는 상태는 어쩌면 감정의 풍요로움을 놓치는 것일 수도 있다. 걱정이 없다면, 안도감도 없을 것이다. 불안이 없다면, 용기의 의미도 퇴색될 것이다. 두려움이 없다면, 그

걸 극복하는 성취감도 경험하지 못할 것이다.

인생에는 걱정 없는 날도 있고, 걱정으로 가득 찬 날도 있다. 그리고 그 모든 날이 내 삶의 일부다. 요가 강사이자 작가인 재나타 베칸은 말했다.

"당신이 경험하는 모든 것은 당신이 배우고 있는 과정의 일부입니다."

걱정으로 가득 찬 날도 무언가를 가르쳐준다. 걱정하는 날도 좋은 날이다. 그날은 내가 살아 있고, 무언가를 소중히 여기며, 성장하고 있다는 방증이다. 나의 걱정은 내 인간성의 일부이며, 그것을 부끄러워할 이유는 없다.

오늘 걱정하고 있다면, 그것이 나의 실패가 아님을 기억하자. 그것은 단지 내가 인간이라는 방증일 뿐이다. 그리고 그 인간성을 포용할 때, 진정한 자유를 경험할 수 있을 것이다.

걱정이 많은 오늘도, 걱정 없는 내일도, 모두 소중한 삶의 일부이다. 그 모든 날을 온전히 살아가자.

마음 한구석에서 걱정이 피어나는 걸 느끼더라도 그것이 하루를 정의하게 하지 마라. 오히려 그 걱정을 나 자신에 대한 관심과 사랑의 증거로 여겨보자. 걱정이 있다는 것은 무언가를 깊이 생각하고, 무언가를 소중히 여기고 있다는 방증이다.

걱정하는 날도 좋은 날이다. 그러니 오늘 하루, 걱정이 있더라도 그것이 온전한 경험의 일부임을 인정하고, 그 안에서도 작은 기쁨과 행복을 발견할 수 있길 바란다.

걱정의 구름 사이로 비치는 햇살을 느껴보자. 그 빛은 어쩌면 구름이 있기에 더 아름답게 빛나는 것인지도 모른다.

| EPILOGUE |

걱정 안에는 힘이 있다

 이 책을 마무리하며 한 가지 고백하고 싶다. 나는 지금도 여전히 걱정을 많이 한다. 이 책이 독자들에게 도움이 될지, 출판사의 기대에 부응할 수 있을지, 오늘 먹을 저녁이 과한 건 아닌지 등등 크고 작은 걱정들이 여전히 내 일상의 일부로 자리한다.

 하지만 차이가 있다면, 예전에는 이런 걱정들에 압도되어 움츠러들었다면, 이제는 그것들을 인정하고 함께 나아가는 법을 배웠다는 점이다. 완벽하게 걱정 없는 삶은 불가능하며, 어쩌면 그런 삶은 오히려 성장의 기회를 놓치는 것일 수도 있다.

 걱정이 나를 얽매던 시절을 떠올려보면, 그때의 나는 걱정 자체를 문제라고 생각했다. 마치 걱정 없는 완벽한 마음 상태에 도달하는 것이 목표인 양 굴었다. 하지만 이제 깨달았다. 걱정은 내가 무언가를 소중히 여긴다는 방증이다. 내가 신경 쓰는 것들, 사랑하는 것들에 대해 걱정하는 것은 당연한 일이다.

 걱정을 다루는 과정에서 가장 큰 깨달음은 '완벽한 해결'이 아닌 '현명한 관리'가 중요하다는 점이었다. 걱정을 완전히 없애는 것은 불가능할뿐더러 그게 반드시 바람직한 것도 아니다. 그 대신 걱정과 어떻게 관계 맺을 것인지, 그게 내 삶을 지배하지 않도록 어떻게 균형을 유지할 것인지를 배우는 여정이 더 중요하다.

걱정이 많은 사람으로서, 나는 종종 혼자라고 느꼈다. 나 외의 모든 사람이 걱정 없이 삶을 즐기는 것 같았고, 나만 불필요한 근심으로 시간을 낭비하는 것 같았다. 하지만 이 책을 쓰면서 만난 사람들을 통해 알게 되었다. 우리는 모두 각자의 방식으로 걱정과 씨름하고 있으며, 그 과정에서 서로에게 배울 점이 많다는 것을.

물론 걱정이 지나치면 우리의 현재 순간을 앗아 가고, 행동을 마비시키며, 건강에도 악영향을 미친다. 걱정의 균형점을 찾는 것이 중요하다. 이는 마치 불과 같다. 적절히 통제된 불은 우리를 따뜻하게 하고 음식을 익히지만, 통제되지 않은 불은 모든 것을 태워버린다.

이 책을 통해 걱정의 모든 측면을 탐구했지만, 아직도 배워야 할 것이 많다. 인생은 끊임없는 배움의 과정이며, 걱정을 다루는 법 역시 마찬가지다. 때로는 실패할 것이고, 때로는 옛 습관으로 돌아갈 것이다. 그럴 때마다 자신에게 친절하게 대하고, 다시 시작하는 용기를 가지는 것이 중요하다.

이 책을 쓰는 과정은 나 자신에게도 큰 배움의 여정이었다. 걱정을 다루는 다양한 방법들을 연구하고 실천하면서, 나 자신의 걱정 패턴도 더 깊이 이해하게 되었다. 모든 문제가 해결된 것은 아니지만, 이제 나는 걱정과 더 건강한 관계를 맺고 있다.

걱정이 많은 당신, 그래도 괜찮다. 우리는 모두 각자의 속도로, 각자의 방식으로 걱정과 함께 살아가는 법을 배워가는 중이니까. 이 책이 당신의 여정에 작은 도움이 되길 바란다.

마지막으로, 이 책을 읽고 있는 당신에게 감사의 마음을 전하고 싶다. 당신의 걱정과 불안을 함께해줘서 고맙다. 우리의 취약점을 인정하고 그것에 대해 이야기하는 건 큰 용기가 필요한 일이다. 그 용기에 박수를 보낸다.

앞으로도 걱정은 계속될 것이다. 새로운 상황, 새로운 도전, 새로운 인간관계는 새로운 종류의 걱정을 가져올 것이다. 하지만 이제 우리는 조금 더 준비되어 있다. 걱정이 우리의 삶을 지배하지 않도록, 우리가 걱정을 관리하는 방법을 알게 되었으니 말이다.

오늘도 어딘가에서 걱정에 시달리고 있을 당신에게 말하고 싶다.

"또 너무 과하게 걱정하고 계시네요. 괜찮아요, 다 잘될 겁니다."

| 참고 문헌 |

- 성전, 《그래, 다 이유가 있는 거야》, 마음의숲, 2018
- 카일 맥도널드, 안진환 옮김, 《빨간 클립 한 개》, 소담출판사, 2008
- 김권수, 《내 삶의 주인으로 산다는 것》, 책들의정원, 2017
- 제러미 애덤 스미스, 손현선 옮김, 《감사의 재발견》, 현대지성, 2022
- 티모시 페리스, 박선령·정지현 옮김, 《타이탄의 도구들》, 토네이도, 2022
- 어니 젤린스키, 박주영 옮김, 《모르고 사는 즐거움》, 중앙M&B, 1997
- 세이노, 《세이노의 가르침》, 데이원, 2023
- 김병수, 《겸손한 공감》, 더퀘스트, 2022
- 최대호, 《보이지 않는 곳에서 애쓰고 있는 너에게》, 떠오름, 2021
- 데일 카네기, 임상훈 옮김, 《데일 카네기 자기관리론》, 현대지성, 2021
- 제임스 W. 페니베이커, 존 F. 에반스, 이봉희 옮김, 《표현적 글쓰기》, 엑스북스, 2017
- 라파엘 배지아그, 박선령 옮김, 《억만장자 시크릿》, 토네이도, 2019
- 연구회, 《자기 의심 극복하기》, 스타크북스, 2023
- 멜 로빈스, 정미화 옮김, 《5초의 법칙》, 한빛비즈, 2017
- 조나단 스위프트, 이종인 옮김, 《걸리버 여행기》, 현대지성, 2019
- 리처드 칼슨, 최재경 옮김, 《사소한 것에 관한 큰 책》, 에버리치홀딩스, 2009
- 리처드 칼슨, 강미경 옮김, 《우리는 사소한 것에 목숨을 건다》, 창작시대, 2011
- 데일 카네기, 스토리트랜스 옮김, 《걱정을 멈추고 즐겁게 사는 법》, 생각의숲, 2013
- 가네히라 케노스케, 박현석 옮김, 《거울은 먼저 웃지 않는다》, 새론북스, 2004
- 김진, 《관계는 습관이다》, SISO, 2020
- 김용택, 《심심한 날의 오후 다섯 시》, 예담(위즈덤하우스), 2014
- 니콜레 슈테른, 박지희 옮김, 《혼자 쉬고 싶다》, 책세상, 2018

- 데이비드 브룩스, 김희정 옮김,《인간의 품격》, 부키, 2015
- 셰익스피어, 신정옥 옮김,《맥베스》, 도서출판 전예원, 1994
- [원서] Andrew Newberg,《단어가 당신의 뇌를 바꾼다》, Avery Publishing Group, 2013
- 헨리 뢰디거,마크맥대니얼, 피터브라운, 김아영 옮김,《어떻게 공부할 것인가》, 와이즈베리, 2014
- 칼 뉴포트, 김태훈 옮김,《딥 워크》, 민음사, 2017
- Harvard Business Review. (2023.05.01).
  How to take better breaks at work, according to research. Harvard Business Review.
  https://hbr.org/2023/05/how-to-take-better-breaks-at-work-according-to-research
- Naver Blog (작성자: hyeonse77). (2023.05.15).
  디폴트 모드 네트워크(DMN): 마커스 라이클 박사의 연구 결과에 대한 인사이트. Naver Blog.
  https://blog.naver.com/hyeonse77/223236323685
- 헬스조선(Health Chosun). (2021.09.14).
  당신이 몰랐던 '멍 때리기'의 놀라운 효과. 헬스조선.
  https://m.health.chosun.com/svc/news_view.html?contid=2021091401404
- Brunch (작성자: koetokotoba). (n.d.).
  다이코모치(太鼓持ち)라는 삶(4). Brunch.
  https://brunch.co.kr/@koetokotoba/68
- Habit Power. (n.d.).
  갑자기 마음이 불안하고 초조할때? Habit Power.
  https://www.habitpower.kr/magazine/?idx=154070359&bmode=view
- Naver Blog (작성자: thelmikorea). (n.d.).
  엘렌 랭어 교수님을 소개합니다! Naver Blog.
  https://blog.naver.com/thelmikorea/220724729355
- Uppity. (n.d.).
  하루 4시간 이상 스마트폰을 봐요 55-6 (제목 가정). Uppity.
  https://uppity.co.kr/%ED%95%98%EB%A3%A8-4%EC%8B%9C%EA%B0%84-%EC%9D%B4%EC%83%81-%EC%8A%A4%EB%A7%88%ED%8A%B8%ED%8F%B0%EC%9D%84-%EB%B4%90%EC%9A%94-55-6/

- KAIST Times. (2022.05.03).

  무너지고 무뎌지는 삶에게 : 감정의 과학. KAIST Times.

  https://times.kaist.ac.kr/news/articleView.html?idxno=20802

- The McGill Daily. (2011.03.01).

  Brains are alive with the sound of music. The McGill Daily.

  https://www.mcgilldaily.com/2011/03/brains-are-alive-with-the-sound-of-music

- Harmony & Healing. (2023.11.23).

  How music can reduce stress. Harmony & Healing.

  https://www.harmonyandhealing.org/how-music-can-reduce-stress/

- MDPI. (2022.01.01).

  An Exploratory Study on the Acoustic Musical Properties to Decrease Self-Perceived Anxiety (Vol. 19, No. 2, p. 994). MDPI.

  https://www.mdpi.com/1660-4601/19/2/994

- University of Cumbria Insight Repository (Elliott). (n.d.).

  Relaxing music for⋯ (파일명: Elliott_RelaxingMusicFor.pdf).

  https://insight.cumbria.ac.uk/id/eprint/5120/1/Elliott_RelaxingMusicFor.pdf

- Universitäts- und Landesbibliothek Tirol. (n.d.).

  Melody vs. Lyrics: Unraveling their Impact on Emotional and Mood Responses in Music.

  https://ulb-dok.uibk.ac.at/ulbtirolhs/download/pdf/10309670